Non lo dico a nessuno

Diventa chi sei e crea la vita che vuoi

VALENTINA GABURRO

Codice ISBN 9798859899876
Casa editrice: Independently published

In copertina: Valentina Gaburro

Indice

Questo libro parte dalla fine.
Questo libro parte da chi sono oggi.
Questo libro è sia l'inizio sia la fine.

Questo libro è per Te
che ancora ci credi, ma non Ti vedi.
Questo libro è anche per me,
Che sono tornata a vedermi.

Introduzione

Benvenuto in questo viaggio di trasformazione che potrebbe rivoluzionare la tua Vita. Benvenuto nel mio mondo dove la trasformazione prende forma e il cambiamento diventa un viaggio verso l'eccellenza.

Se sei un imprenditore ambizioso, un professionista determinato o semplicemente una persona che desidera vivere la propria vita al massimo, questo libro è stato creato appositamente per te.

Mi chiamo Valentina Gaburro e sono una guida strategica esperta in psicoterapia breve, problem solving, ipnosi e tecniche di cambiamento rapido. Ho ideato il protocollo di performance coaching che guida persone brillanti e ambiziose a scalare il proprio business con divertimento, gioia e soddisfazione, senza rinunciare all'equilibrio tra vita e lavoro.

Il mio obiettivo è quello di identificare obiettivi, sviluppare strategie e implementare azioni concrete per raggiungere il massimo potenziale e ottenere i risultati desiderati con il minimo sforzo, rimanendo nel flusso dell'abbondanza.

Sono fermamente convinta che ogni essere umano abbia il diritto di essere ciò che ha sempre desiderato essere e di vivere una vita di successo, diventando la versione più elevata di sé stesso.

Nel corso dei miei anni di esperienza, ho raccolto preziose lezioni e strategie che mi hanno permesso di raggiungere il successo in ogni aspetto della vita. Ed è proprio questo tesoro di conoscenze che ho deciso di condividere con te in queste pagine.

Voglio diffondere l'idea che è possibile realizzare una vita ricca di soddisfazioni senza dover necessariamente intraprendere percorsi di terapia infiniti. Credo fermamente nell'applicazione di un approccio breve, pragmatico e concreto per raggiungere gli obiettivi nel minor tempo possibile e con il minor sforzo. Non devi trascorrere anni per apportare cambiamenti positivi alla tua vita; attraverso strumenti e strategie mirate, puoi ottenere risultati tangibili in tempi più brevi di quanto pensassi possibile.

Per questo motivo, fornisco a tutte le persone che lavorano con me strumenti concreti da applicare immediatamente per risolvere problemi o situazioni complicate, poiché esiste sempre una soluzione, anche se a volte non è facile trovarla. Mi piacerebbe che queste pagine lasciassero in te un seme di trasformazione che fiorirà quando meno te lo aspetti. Qui troverai una parte del mio protocollo di cambiamento, che ha già rivoluzionato la vita di centinaia di persone.

Il libro è suddiviso in parti, ciascuna delle quali ti guiderà attraverso un viaggio di trasformazione personale e di crescita. Nella prima sezione, ti svelerò sette segreti fondamentali che costituiscono la base del mio successo. Come tocco in più, ti offrirò un ottavo segreto, un vero e proprio regalo che potrai integrare nella tua vita.

La seconda sezione ci porta al cuore del lavoro interiore. Inizieremo esplorando il passato, liberandoti dai pesi che potrebbero averti limitato. Attraverso potenti strumenti di riflessione e autodisciplina, potrai dare un senso alle tue esperienze passate e trasformarle in trampolini per il tuo futuro.

Nella terza sezione, concentreremo la nostra attenzione sul presente. Sarà il momento di sviluppare una consapevolezza profonda di chi sei ora e di coltivare la fiducia in te stesso. Le abilità e le prospettive che acquisirai in questa fase ti serviranno da base solida per costruire il tuo futuro.

Parlando del futuro, è esattamente ciò su cui ci concentreremo nella quarta sezione. Sarà il momento di progettare la tua strada verso il successo duraturo e la realizzazione dei tuoi sogni. Qui troverai strategie pratiche e esercizi che ti condurranno passo dopo passo verso una vita che riflette il tuo vero potenziale.

Come parte integrante di questa esperienza di lettura, avrai accesso esclusivo ad esercizi pratici da svolgere e a potenti sessioni audio di ipnosi, che potrai ascoltare e scaricare dal mio sito che a breve diventerà una vera e propria App per iOS e Android! (Questo è uno scoop! Non lo dire a nessuno!).

Questi audio sono riservati esclusivamente a coloro che acquistano il libro, in quanto rappresentano uno strumento potente per consolidare il tuo apprendimento e la tua trasformazione personale.

Nell'ultima parte di questo libro, dopo averti svelato cinque caratteristiche cardine del mio approccio, celebro la forza e la resilienza dell'essere umano attraverso le storie toccanti e ispiratrici dei miei pazienti. Le loro parole testimoniano il potere del cambiamento positivo e dimostrano che, indipendentemente dalle sfide che affrontiamo, possiamo emergere più forti e determinati che mai.

Preparati per un viaggio di scoperta, cambiamento e crescita. Le pagine che seguono sono piene di saggezza, strumenti pratici e storie coinvolgenti che ti accompagneranno nel tuo cammino verso il successo e la realizzazione personale. Sia che tu stia iniziando la tua avventura o stia cercando di elevare ulteriormente la tua vita, questo libro è qui per te.

Io sarò la Testimone della tua trasformazione.

Perché questo libro

Oggi, in occasione del solstizio d'estate, il giorno più lungo dell'anno, ho sentito un richiamo irresistibile a prendere la penna in mano e iniziare a scrivere.
Questo giorno, così pieno di luce e di energia vibrante, è il momento perfetto per riconnettermi con la mia essenza più profonda e abbracciare la magia che risiede in me e in ognuno di noi.

Mentre mi siedo qui a scrivere queste parole, mi ritrovo immersa in ricordi di un tempo passato, in cui la mia anima brillava di pura gioia e il mondo sembrava un luogo di infinite possibilità.

Mi chiedono spesso come faccio a fare quello che faccio, come riesco a vivere una vita all'insegna della passione, della libertà e dell'abbondanza.
Ebbene, la risposta risiede proprio in quel fuoco interiore che ho coltivato fin da giovane.
Era un tempo in cui credevo fermamente nei sogni, nella magia e nella capacità di trasformare la realtà attraverso la mia volontà e determinazione.

Mi sono resa conto che, nel corso degli anni, avevo perso un po' di quella magia, oppressa dalle sfide e dalle responsabilità quotidiane. Tuttavia, oggi, nel giorno del Solstizio d'estate, sento un richiamo profondo a riaccendere quel fuoco interiore, a risvegliare la mia connessione con la magia che ancora risiede in me.

E così, mentre scrivo queste parole, sento che questo libro è una chiamata a tutti coloro che, come me, hanno dimenticato il potere dei loro sogni e la capacità di vivere una vita allineata con le proprie passioni. È un invito a riconnettersi con quella magia, a riscoprire la gioia di creare la propria realtà e a condividere con il mondo la propria unica e autentica essenza.

Nel corso delle pagine che seguiranno, esploreremo insieme le chiavi per riconnettersi con la magia interiore, per abbracciare i sogni e trasformarli in realtà tangibili. Attraverso storie, esercizi pratici e ipnosi potenti, impareremo come creare una vita di avventure e successo, mantenendo il flusso dell'abbondanza in tutte le sue forme.

Questo libro è dedicato a te, che senti ancora la fiamma della magia che brucia dentro di te, ma forse ti sei dimenticato di come alimentarla. È per te che vuoi vivere una vita piena di significato e realizzazione, in cui puoi coltivare le tue passioni e condividere il tuo dono unico con il mondo.
Questo libro è un invito a un viaggio di trasformazione.
Un viaggio che parte dalla fine, si radica nel presente e si estende verso un futuro di infinite possibilità. È un viaggio che si compie nella mente e nel cuore, alla ricerca di un equilibrio tra il desiderio di avventura e l'aspirazione a una vita di abbondanza e successo.

Oggi sono qui per condividere con te le profonde scoperte e gli insegnamenti che ho acquisito nel mio percorso come guida strategica esperta in psicoterapia breve, problem solving, ipnosi e tecniche di cambiamento rapido.

Ho imparato che la chiave per abbracciare l'abbondanza e vivere delle proprie passioni risiede nella nostra capacità di sognare oltre i limiti, di sfidare le convinzioni che ci trattengono e di riscoprire la nostra autentica essenza. Questo libro è sia l'inizio sia la fine, perché ti guiderà in un percorso di esplorazione interiore e ti porterà a rivedere te stesso con occhi nuovi.

Durante il nostro viaggio, inizieremo insieme un processo di trasformazione che trasmuta la paura in fiducia, la scarsità in abbondanza e il dubbio in certezza. Ti mostrerò come utilizzare strumenti potenti come la visualizzazione, l'affermazione e la gratitudine per creare una realtà che rispecchi i tuoi sogni più audaci.

Ma questo libro non è solo una guida per raggiungere il successo. È un invito a scoprire la gioia, la gratitudine e la generosità che si nascondono nell'esperienza dell'abbondanza.

Sia che tu sia un imprenditore, un professionista o semplicemente una persona desiderosa di vivere al massimo, questo libro è per te.

È per chiunque voglia abbandonare le paure, coltivare la fiducia e abbracciare il proprio potenziale illimitato.

Ti invito ad aprire le pagine di questo libro con cuore aperto e mente curiosa.

Siamo pronti per intraprendere insieme questo viaggio di trasformazione, alla scoperta della meraviglia che si nasconde nel tuo stesso essere.

SEZIONE I

La forza straordinaria del mio approccio risiede nei segreti preziosi che ho affinato e perfezionato nel corso di oltre 10 anni di esperienza professionale nel campo clinico.

Il mio obiettivo principale è quello di farti ottenere risultati impattanti in modo rapido, mirato e meno faticoso possibile, liberandoti da schemi e regole imposte che possono limitare la tua crescita.

Mi hanno chiesto come faccio a fare quello che faccio e così ho deciso di fermarmi un attimo per svelarti i miei segreti, ovvero ciò che ha funzionato per me e per i miei clienti.

Attenzione, questa è la mia verità ed è vera oggi. Da domani chissà! Siamo in costante evoluzione e ciò che ti rivelo oggi potrebbe non funzionare più tra qualche tempo…quindi affrettati a leggere!

Ammetto che non è stato per niente facile cercare di spiegarti in modo semplice ciò che faccio perché mi viene spontaneo, ma la spontaneità se ci pensi un attimo, è frutto di un apprendimento prolungato nel tempo.

Tutto ciò che oggi è facile, ieri era difficile.

Pensa a quando hai imparato a guidare la macchina, o a suonare uno strumento, o ancora quando hai imparato a leggere… Tutto ciò che faccio oggi "mi viene facile", ma lo è solo perchè l'ho praticato per anni! Ecco perchè ho dovuto ritornare indietro, guardarmi, analizzarmi, studiarmi, osservarmi… in poche parole ho dovuto fare quella che viene chiamata in gergo più tecnico "estrazione di strategie". Oggi sono pronta per rivelarti i miei segreti. Iniziamo.

Segreto n. 1

Se sei depresso stai vivendo nel passato.
Se sei ansioso, stai vivendo nel futuro.
Sei sei in pace, stai vivendo nel presente.
Lao Tzu

Secondo alcune ricerche, circa il 70% dei nostri pensieri è rivolto al futuro, cioè a ciò che deve ancora accadere, oppure al passato, cioè a ciò che è già avvenuto e su cui non abbiamo alcun controllo. Questo comporta che ci perdiamo l'unico momento veramente importante e che possiamo controllare: il presente.

È per questo motivo che non chiedo mai alle persone che lavorano con me di raccontarmi tutta la loro vita a partire dall'infanzia. Il passato è passato e non lo possiamo cambiare. È importante precisare che ciò non significa che il passato non sia importante: il passato ha contribuito a plasmare la persona che sei oggi, e *se* sei chi sei è proprio grazie alle esperienze che hai vissuto.

Detto ciò, preferisco concentrarmi sul qui e ora anziché indagare nel passato.

L'orientamento verso il presente è invece fondamentale e ci permette di concentrarci sulle azioni e sulle soluzioni che possiamo intraprendere per creare ciò che desideriamo.
Invece di rimanere intrappolati nei rimpianti del passato o preoccupati per il futuro, concentriamoci sulla costruzione di un presente solido che ci permetta di creare un futuro radioso.

Il tuo futuro è fatto dalle azioni e dai pensieri che fai oggi.

Questo approccio:
-   garantisce una maggiore efficacia nel tuo percorso di trasformazione personale;

- consente di adottare una mentalità attiva e di prendere decisioni consapevoli basate sulla tua situazione attuale.
- ti dà potere, controllo e possibilità di azione.

Ogni istante presente diventa un'opportunità per apportare cambiamenti positivi e per progredire verso i tuoi obiettivi.

Osservare il momento che sto vivendo e riflettere su cosa posso cambiare qui e ora, è stato il fattore determinante per arrivare a vivere la vita che sto vivendo.

Non solo è stato un principio chiave per me, ma si è rivelato altrettanto efficace con i miei clienti durante i miei oltre dieci anni di attività clinica.
Come mi piace spesso sottolineare: abbiamo un tempo prezioso da vivere, e questo tempo dovrebbe essere trascorso in modo significativo, colmo di soddisfazioni, gioie e piaceri. Non possiamo sprecarlo rievocando i fantasmi del passato o preoccupandoci di quello che avverrà domani.

Ora probabilmente potresti pensare che non è così facile da realizzare, ma se ci pensi bene tutte le cose che ora ti vengono semplici all'inizio non lo erano affatto!
Lavorare sul presente mi permette di farti compiere azioni concrete e tangibili, senza rimanere bloccati in schemi di pensiero limitanti o nella ruminazione sulle esperienze passate. Possiamo sperimentare immediatamente il potere del cambiamento attraverso scelte mirate e azioni consapevoli.

Segreto n.1: stai nel presente, osserva ciò che hai e sii grato.
La felicità è nelle piccole cose.

Segreto n. 2

Il cambiamento è inevitabile.
La crescita facoltativa.
John C. Maxwell

Chi lavora, o ha lavorato con me, ormai lo sa: nei miei percorsi si parla poco e si fa tanto. Come avrai iniziato a capire, alla base del mio approccio si trovano esercizi concreti, che rappresentano un tassello fondamentale nel processo di trasformazione.

Sono fermamente convinta che l'essere umano impari facendo, agendo e sperimentando direttamente, anziché semplicemente parlando o riflettendo. Un'aforisma attribuito ad Aristotele recita:

"Ciò che dobbiamo imparare a fare, lo impariamo facendolo"

Per questo motivo ti conduco in un territorio di esperienze pratiche che consentono un apprendimento diretto e coinvolgente. Questi esercizi concreti sono strumenti che puoi mettere in pratica nella tua vita quotidiana, e ti danno l'opportunità di sperimentare immediatamente il potere trasformativo che possono offrire.
Ti invito a leggere questo libro immaginando di intraprendere un viaggio esperienziale che ti porta oltre le parole e le teorie astratte.

Le parole possono essere potenti, ma il vero cambiamento avviene quando mettiamo in pratica ciò che impariamo. Attraverso esercizi specifici e mirati, anche in questo libro ti guiderò nel mettere in atto azioni concrete che favoriscano la crescita personale, l'autoconsapevolezza e il raggiungimento dei tuoi obiettivi.

Se leggi queste pagine senza fare nessun esercizio, cambierà poco o nulla.

Se invece farai gli esercizi e ascolterai i miei audio, vedrai che metterai in moto un processo di cambiamento che ti trasformerà giorno, dopo giorno, quasi senza neanche accorgertene.

Gli esercizi che utilizzo con le persone che partecipano ai miei percorsi possono assumere forme diverse: possono essere attività di auto-riflessione, pratiche di consapevolezza, esercizi più pratici o visualizzazioni guidate. Sono progettati per stimolare il tuo coinvolgimento attivo e la tua partecipazione diretta.

Attraverso questi esercizi, scoprirai che l'apprendimento diventa un'esperienza viva e dinamica. Non si tratta solo di comprendere concetti astratti, ma di applicarli nella tua vita reale. Questa modalità di apprendimento attivo e pratico ti offre l'opportunità di sperimentare i risultati immediati e tangibili delle tue azioni.

In questo viaggio ti guiderò attraverso esercizi specifici che sono stati attentamente selezionati per supportare la tua crescita personale e promuovere il cambiamento desiderato. Ogni esercizio è progettato per sfidarti, spingerti oltre i tuoi limiti autoimposti e farti scoprire nuove prospettive.

Attraverso l'apprendimento basato sull'azione, potrai sperimentare direttamente i progressi che stai facendo. Sarai testimone del tuo stesso cambiamento, poiché sarai coinvolto attivamente nel processo. Questo tipo di apprendimento concreto crea una connessione più profonda con la tua capacità di trasformazione e ti offre la fiducia necessaria per continuare a crescere e migliorare.

Ricorda che gli esercizi sono strumenti potenti che ti aiuteranno a passare dalla teoria alla pratica, dalla conoscenza all'esperienza diretta. Sarai tu il protagonista del tuo percorso di trasformazione, mettendo in atto azioni concrete che porteranno a cambiamenti significativi nella tua vita.

Segreto n.2: Qual è la più piccola cosa che posso iniziare a modificare a partire da adesso? Trovala e mettila in pratica.

Segreto n. 3

*A volte siamo messi alla prova
non per mostrare le nostre debolezze,
ma per scoprire i nostri punti di forza.*

Iniziamo questo capitolo con una domanda.
Quando hai un problema cosa fai:

- tieni tutto per te,
- ne parli solo con alcune persone fidate,
- ne parli con chiunque?

Quando ci troviamo di fronte a un problema, ci viene spesso detto di parlarne, di condividerlo con gli altri per ottenere sostegno e cercare una soluzione. È un consiglio comune che sembra avere senso: confidare nelle persone vicine e cercare conforto nella condivisione delle difficoltà. Tuttavia, lasciami farti riflettere su un concetto controintuitivo: a volte, il silenzio può essere la risposta migliore.

È innegabile che le parole abbiano un potere notevole nella creazione della realtà che ci circonda. Quando parliamo di un oggetto, come ad esempio un tavolo, semplicemente pronunciandone il nome, contribuiamo a rendere tangibile la sua esistenza nella nostra mente. Questo principio può essere applicato anche ai problemi che affrontiamo. Se iniziamo a parlarne incessantemente, a lamentarcene con chiunque ci incontri, diamo loro maggiore rilevanza e alimentiamo la loro presenza nella nostra vita, legittimandone l'esistenza.

È interessante notare come la focalizzazione su un problema sia in grado di evocare un "frame", un quadro mentale che influenza la nostra prospettiva e modifica la nostra percezione della realtà. Quanto più ci concentriamo su un determinato problema, tanto più esso sembra crescere e ingigantirsi di fronte a noi. È come se lo nutrissimo con le nostre parole e le nostre preoccupazioni, permettendo che si radichi sempre più profondamente nella nostra esistenza.

Tuttavia, vorrei sottolineare che questo non significa che dovremmo trattenere completamente i nostri problemi e soffocare le nostre emozioni. È importante distinguere tra il parlare in maniera sconsiderata, alimentando la negatività e amplificando il problema, e il cercare aiuto o consiglio da persone esperte e fidate. Il segreto consiste nel saper identificare le persone di cui possiamo fidarci per condividere i nostri problemi in modo costruttivo, ottenendo un punto di vista obiettivo e cercando soluzioni concrete.

Parlare con un professionista che ha esperienza nel campo del problema che stiamo affrontando può fornirci prospettive diverse e risorse preziose. Possiamo ricevere sostegno e consigli pratici che ci aiuteranno a superare le difficoltà, senza alimentare ulteriormente il problema stesso. Questo approccio rispetta il potere delle parole senza cadere nella trappola di amplificare il nostro malessere.

È importante comprendere che la scelta di tacere o condividere i problemi dipende dalla situazione specifica e dalla nostra intuizione. Talvolta, ciò che serve è un periodo di riflessione personale che ci consente di elaborare le emozioni e le strategie senza interferenze esterne. Altre volte, un confronto aperto e sincero con qualcuno che ci comprende e ci sostiene può essere la chiave per sbloccare la soluzione.

In conclusione, la prossima volta che ti troverai di fronte a un problema, prendi in considerazione l'idea di tacere o di condividere solo con persone fidate ed esperte. Ricorda che le parole hanno un potere enorme nella creazione della realtà, quindi scegli con saggezza come utilizzarle. Con una comunicazione mirata e consapevole, sarai in grado di affrontare i tuoi problemi senza alimentarli e troverai la strada verso la soluzione desiderata.

Segreto n. 3: se hai un problema, parlane il meno possibile.

Segreto n. 4

Giudica un uomo dalle sue domande,
piuttosto che dalle sue risposte.
Voltaire

Capire l'importanza che le parole hanno nel creare la nostra realtà, ha aperto la strada per esplorare un altro tema potente: il potere delle domande.

Quando ci troviamo di fronte a una sfida, è naturale chiederci il motivo per cui ci troviamo in quella situazione. Tuttavia, in questo quarto segreto, voglio svelarti un approccio diverso e più efficace.

Invece di perderci nella domanda "Perché ho questo problema?", concentriamoci sulla domanda trasformativa: "Come posso uscire da questa situazione il più velocemente possibile?". Questo cambio di prospettiva è fondamentale per la risoluzione dei problemi. Quando ci concentriamo sul "perché", rischiamo di rimanere intrappolati nella ricerca delle cause, nel cercare giustificazioni o nella vittimizzazione. Al contrario, chiederci il "come" ci spinge a vedere nuove possibilità, a intraprendere azioni concrete e ad adottare nuove soluzioni.

Le domande giuste e potenzianti sono il migliore strumento di auto-coaching che puoi utilizzare.

Nella mia vita e nel mio lavoro sono le domande che mi guidano.
Non mi focalizzo sulle cause o sugli aspetti negativi dei problemi, ma metto in luce le possibili soluzioni e cerco di trovare la strada più rapida per uscire dalla situazione critica.
Spostare l'attenzione dal "perché" al "come" ci permette di concentrarci sulle risorse a nostra disposizione, sui passi da compiere e sulle strategie da adottare.

Esercizio.

Un modo pratico per mettere in atto questo segreto è eliminare la parola "perché" dal nostro vocabolario e sostituirla con il "come…?".
Ad esempio, anziché chiederti "Perché ho perso il mio lavoro?", puoi porti la domanda "Come posso trovare una nuova opportunità professionale?". Questa semplice modifica ti spinge verso l'azione e ti aiuta a concentrare le tue energie sulla ricerca di soluzioni.

Le domande sono strumenti potenti che influenzano il tuo pensiero e la tua prospettiva. Quando ti abitui a fare domande orientate alla soluzione, inizi a creare uno stato mentale focalizzato sulla ricerca di alternative e sulla volontà di agire. Il tuo cervello inizia a cercare risposte produttive per migliorare la tua vita.

Quindi, la prossima volta che ti troverai di fronte a un problema, ricorda di sostituire la domanda "perché" con "come posso...?". Chiediti quali azioni puoi intraprendere, quali risorse puoi sfruttare e quali strategie puoi mettere in atto per superare la situazione. Concentrati sulle soluzioni e sii proattivo nell'affrontare i tuoi problemi.

Questo segreto, se applicato con intenzione, può aprire nuove porte e portarti verso la risoluzione rapida e efficace dei problemi che incontri lungo il tuo cammino. Sii curioso, coraggioso e determinato nella tua ricerca delle soluzioni. Ricorda che le domande che ti poni determinano le risposte che trovi.

Segreto n.4: sostituisci il "perchè" con il "come".

Segreto n. 5

*Il merito nella vita non sta
nella quantità dei giorni,
ma nell'uso che ne facciamo di essi.*
Michel Montaigne

I successivi tre segreti che condividerò con te sono radicati negli assunti fondamentali della terapia breve centrata sulla soluzione, un approccio che pone particolare enfasi sulla scoperta e l'applicazione di soluzioni efficaci. Questi concetti sono i pilastri del mio lavoro e li condivido con te poiché credo nella loro potenza trasformativa.

Uno dei principi centrali di questo approccio è il cambiamento di prospettiva riguardo alle azioni che intraprendiamo per modificare una situazione.

Invece di concentrarci sui problemi e sulle cause che li hanno generati, il focus si sposta sulle azioni che abbiamo già compiuto e che hanno avuto successo. Un passo essenziale per iniziare a modificare una situazione è chiederci: "Quali tra le cose che ho fatto (o sto facendo) hanno funzionato?". Questo atteggiamento ci permette di mettere in luce le azioni che hanno avuto un impatto positivo e di considerarle come le basi per il cambiamento desiderato.

Una volta identificate queste azioni efficaci, la chiave del successo consiste nel ripeterle e continuarle nel tempo. Non si tratta solo di fare qualcosa una tantum, ma di perseverare e mantenerne la frequenza o aumentarne l'intensità. Questo perché le azioni che abbiamo già sperimentato con successo hanno dimostrato di essere utili nel creare cambiamenti positivi.

Ad esempio, se abbiamo affrontato una situazione difficile e abbiamo trovato un approccio che ha funzionato, è essenziale replicare e continuare a mettere in pratica quelle azioni che hanno prodotto risultati positivi. Possiamo anche considerare l'opportunità di intensificarle o aumentarne la frequenza per accelerare il processo di cambiamento.

Immaginiamo di avere una persona di nome Luca che si trova in una situazione di stress a causa del suo lavoro. Ha notato che dedicare del tempo alla meditazione ogni mattina prima di iniziare la giornata gli ha portato un senso di calma e chiarezza mentale, permettendogli di affrontare meglio le sfide lavorative.

Luca si rende conto che questa pratica di meditazione ha avuto un impatto positivo sulla sua gestione dello stress e sulla sua produttività. Seguendo il principio di questo segreto, decide di replicare e continuare questa azione che ha funzionato per lui. Non solo continua a dedicare del tempo alla meditazione ogni mattina, ma considera anche l'opportunità di intensificarla.

Luca decide di aumentare la durata della sua sessione di meditazione da dieci a venti minuti e di includere anche una breve pausa di meditazione durante la giornata lavorativa, magari prima di un incontro importante o quando si sente particolarmente stressato. Riconosce che intensificare la sua pratica di meditazione potrebbe accelerare il processo di cambiamento, aiutandolo a gestire meglio lo stress e a mantenere un livello di calma e chiarezza mentale costante.

Attraverso la ripetizione e la continua pratica di un'azione che ha già dimostrato di essere efficace, Luca sta facendo buon uso del quinto segreto. Ha identificato un'azione che funziona, la meditazione, e sta costruendo su quella base per apportare ulteriori miglioramenti nella sua vita lavorativa e nel suo benessere complessivo.

Questo esempio dimostra come ripetere e intensificare un'azione che ha dato risultati positivi può contribuire al processo di cambiamento e al raggiungimento degli obiettivi desiderati. Ogni individuo avrà le proprie azioni efficaci da identificare e implementare, ma la chiave è riconoscere l'importanza di sfruttare ciò che ha funzionato in passato e amplificarlo per ottenere risultati ancora migliori.

Spesso tendiamo a soffermarci sui problemi stessi e sulle difficoltà incontrate lungo il percorso, senza accorgerci che abbiamo già in mano parte della soluzione.

In conclusione, quando desideriamo modificare una situazione, è fondamentale riflettere sulle azioni che abbiamo intrapreso con successo in passato. Chiediamoci quali di queste azioni hanno funzionato e utilizziamole come punto di partenza per il cambiamento desiderato. Ripetere e continuare queste azioni, eventualmente aumentandone l'intensità o la frequenza, ci consentirà di progredire verso il nostro obiettivo. Concentrarsi sulle azioni efficaci e amplificarle ci darà un solido punto di partenza per ottenere i risultati desiderati.

Segreto n. 5: se funziona, ripetilo.

Segreto n. 6

Se un piano non funziona,
cambia il piano ma non l'obiettivo.

In questo segreto adottiamo un approccio contrario al precedente. Quando ci rendiamo conto che ciò che stiamo facendo non funziona, è importante smettere di farlo o ridurne l'intensità. L'obiettivo è interrompere quei tentativi che, anziché risolvere il problema, lo peggiorano o lo lasciano immutato. Ciò può accadere quando le soluzioni che abbiamo utilizzato in passato non sono più efficaci. Se continuiamo a ripetere le stesse azioni, otterremo sempre gli stessi risultati. Ecco un esempio concreto che illustra questi concetti.

Immaginiamo una persona di nome Sara che si trova in una situazione di conflitto con un collega di lavoro. Finora, Sara ha tentato di risolvere il problema cercando di discutere con il collega in modo diretto, ma queste conversazioni si sono rivelate infruttuose e hanno portato solo a ulteriori tensioni. Nonostante i suoi sforzi, la situazione non migliora e il conflitto si intensifica.

Sara si rende conto che ciò che sta facendo non funziona. Invece di continuare a perseguire la stessa strategia, decide di cambiare.
Capisce che insistere in queste conversazioni non produrrà i risultati desiderati e potrebbe addirittura aumentare la tensione.

Invece di affrontare direttamente il collega, Sara decide di cercare un mediatore o un consulente professionale specializzato in risoluzione dei conflitti. Riconosce che questa nuova strategia può offrire un ambiente neutrale e guidato per esplorare le dinamiche del conflitto e trovare soluzioni più efficaci. Smette di fare ciò che non funziona, ovvero le conversazioni dirette, e adotta un approccio alternativo che potrebbe portare a un risultato più positivo.

Smettere di fare ciò che non funziona e cercare alternative può essere un passo fondamentale per risolvere un problema.

Continuare a ripetere azioni inefficaci può portare solo a risultati deludenti. Identificare il momento in cui le soluzioni passate non sono più efficaci e adottare nuove strategie può aprire la strada al cambiamento.

Quando ci troviamo in una situazione in cui ci rendiamo conto che le nostre azioni non producono i risultati desiderati, è essenziale essere flessibili e aperti a nuove soluzioni. Bisogna smettere di fare ciò che non funziona e cercare alternative che possano offrire una prospettiva diversa e un approccio più efficace. Questo richiede consapevolezza, coraggio e la volontà di abbandonare vecchi schemi per abbracciare nuove opportunità di risoluzione dei problemi.

Segreto n.6: se non funziona, cambia strategia.

Segreto n. 7

Una visione senza capacità di esecuzione
è solo un'allucinazione.
Thomas Edison

Nel corso di questo viaggio alla scoperta dei segreti per affrontare i problemi e ottenere risultati positivi, arriviamo a un punto cruciale: la Miracle Question, la domanda del miracolo. Questa domanda è così potente e trasformativa che Steve de Shazer, uno dei fondatori dell'approccio della terapia breve centrata sulla soluzione, ha voluto chiamarla proprio così.

Ma cosa rende la Miracle Question così speciale e potente? Per comprenderlo appieno, dobbiamo esplorarne il significato e lo scopo. La Miracle Question è formulata in modo simile a una proiezione nel futuro, e invita la persona a immaginare che un miracolo risolva completamente il problema o faccia raggiungere l'obiettivo desiderato. È una domanda aperta, che stimola la fantasia e incoraggia una riflessione profonda.

La Miracle Question è solitamente formulata in questo modo: *"Immagina che questa notte, mentre dormi, accade un miracolo e il problema che stai affrontando viene risolto completamente. Quando ti svegli domani mattina, quali sarebbero i segni che ti farebbero capire che il miracolo è accaduto veramente? Cosa cambierebbe nella tua vita?"*.

Questa domanda mira a spingere la persona ad esplorare e immaginare un futuro in cui il problema è stato superato. L'obiettivo non è solo identificare una soluzione specifica, ma anche far emergere i desideri più profondi e autentici. Spesso, ciò che realmente desideriamo è nascosto sotto gli strati dei problemi e delle difficoltà quotidiane. La Miracle Question aiuta a portare alla luce questi desideri, aprendo la strada verso una visione chiara di ciò che si vuole veramente nella propria vita.

La domanda del miracolo può innescare un processo di pensiero creativo e di immaginazione potente. Permette alle persone di esplorare possibilità che potrebbero sembrare irraggiungibili o impensabili nella loro situazione attuale. Oltre a fornire una visione del futuro desiderato, la Miracle Question stimola anche la motivazione e l'impegno per raggiungere tali obiettivi.

È importante notare che la Miracle Question non è semplicemente una domanda retorica, ma un invito a una riflessione profonda e un punto di partenza per iniziare a trasformare la realtà, partendo da segnali concreti e visibili. Può essere utilizzata come strumento terapeutico, ma anche come un'esercitazione personale per definire i propri obiettivi e avviare un processo di cambiamento positivo.

In conclusione, la Miracle Question è un potente strumento che ci permette di esplorare i nostri desideri più autentici e immaginare un futuro in cui il problema è risolto. Ci spinge a superare i limiti del presente e ad aprire la mente a possibilità che potrebbero sembrare lontane. Utilizzando la Miracle Question, possiamo avviare un processo di trasformazione personale e iniziare a prendere le misure necessarie per avvicinarci ai nostri sogni e ai nostri obiettivi.

Segreto n.7: usa la "Domanda del Miracolo"

Segreto n. 8

Se le persone della tua cerchia
non contribuiscono alla tua crescita,
allora non sei in una cerchia, sei in una gabbia.
Kianu Starr

Nel corso della vita, incontriamo una varietà di persone, ognuna con le proprie prospettive, energie e obiettivi. Tuttavia, ciò che spesso trasforma una persona in un alleato prezioso è la capacità di ispirare e contribuire alla nostra crescita personale.

Le persone che ci ispirano e ci fanno crescere agiscono come specchi riflettenti, mostrandoci aspetti di noi stessi che potremmo non aver riconosciuto altrimenti. La loro presenza ci sfida a superare i limiti autoimposti e a perseguire obiettivi che potrebbero sembrare al di là della nostra portata. Queste persone non solo ci mostrano il potenziale che abbiamo, ma ci incoraggiano anche a svilupparlo ulteriormente.

Oltre alla crescita personale, circondarsi di persone che condividono i nostri valori e la nostra visione del mondo ha un impatto notevole sul nostro stato mentale ed emotivo. Le conversazioni sono conversazioni ad alta frequenza, cariche di positività, prospettive innovative e un senso di scopo. Questo, a sua volta, influenza il nostro umore e ci aiuta a mantenere un atteggiamento ottimista anche di fronte alle sfide.

Ma come riconoscere chi ci ispira veramente? Guardiamo oltre le parole e osserviamo le azioni. Le persone di cui vale la pena circondarci sono disposte a condividere le loro esperienze, a offrire consigli sinceri, a sostenere i nostri sforzi e soprattutto sono felici di festeggiare i nostri successi! È quando tutto ci va alla grande che scopriamo chi veramente fa il tifo per noi e chi invece mente.

Penso che sia importante essere selettivi riguardo alle persone con cui scegliamo di trascorrere il nostro tempo. Coloro che non contribuiscono alla nostra crescita possono ostacolare il nostro progresso e indebolire la nostra determinazione. Riconoscere e allontanarsi da tali influenze negative è un passo cruciale verso la creazione di uno spazio in cui possiamo elevarci.

Segreto n.8: circondati di persone che ti "elevano".

Il segreto dei segreti

Nel nostro viaggio alla scoperta della saggezza e della conoscenza, spesso ci troviamo a cercare freneticamente segreti e formule magiche che possano guidarci verso il successo e la realizzazione. Eppure, è fondamentale realizzare che il vero segreto risiede in un concetto paradossalmente semplice: non ci sono segreti. Ciò che esiste sono principi che, una volta abbracciati e fatti propri, possono trasformare profondamente la nostra percezione del mondo e la nostra esperienza di vita. Questi principi agiscono come le pietre angolari della nostra crescita interiore, ma la vera magia emerge quando li integriamo così profondamente che diventano parte integrante del nostro essere.

Una volta che abbiamo interiorizzato questi principi, non dobbiamo più sforzarci di applicarli deliberatamente o pensare costantemente a come influenzeranno il nostro destino. Invece, entriamo in uno stato di completa immersione in ciò che accade intorno a noi. Questo stato di completa presenza e accettazione è ciò che apre la strada alla manifestazione naturale dei nostri desideri. Quando ci allineiamo con i principi che abbiamo assimilato, non solo trasformiamo la nostra prospettiva, ma iniziamo anche a trasmettere un'energia che risuona con il mondo circostante.

La chiave di tutto sta in quello che io chiamo "flusso di abbondanza". Piuttosto che cercare di manipolare le circostanze esterne attraverso sforzi disperati, impariamo a rimanere in sintonia con il nostro vero io e a irradiare questa autenticità nel mondo. È questa essenza autentica che attrae esperienze e opportunità che sono in armonia con chi siamo veramente. Manifestare la nostra essenza non richiede sforzo conscio, ma piuttosto un'apertura incondizionata e un'affidabilità nel flusso della vita.

È fondamentale riconoscere che questo processo non implica una rinuncia al controllo o una passività assoluta. Al contrario, è un atto di fiducia e consapevolezza. Mentre abbandoniamo l'ossessione per i risultati specifici e ci immergiamo nell'atto stesso di essere, ci apriamo all'opportunità di esperire una connessione più profonda con l'universo. Le azioni che intraprendiamo diventano espressioni naturali del nostro stato interiore, e le circostanze iniziano a dispiegarsi in un modo che sembra quasi magico.

In sintesi, la ricerca di segreti si dissolve nell'accettazione serena che possiamo influenzare la nostra realtà manifestando la nostra essenza. Ogni passo che compiamo, ogni pensiero che coltiviamo e ogni energia che irradia da noi contribuisce alla coreografia più ampia della nostra vita. Quando ci concediamo la libertà di essere autentici, senza l'angoscia della ricerca di segreti o formule magiche, sperimentiamo un'armonia e un flusso che non possono essere artificiosamente manipolati. Ed è in questa armonia che le cose si rivelano come ovvie conseguenze della nostra presenza consapevole nel mondo.

Ma di tutto questo "flusso di abbondanza" te ne parlerò un'altra volta…ora è tempo di partire!

SEZIONE II

Ora che conosci i presupposti alla base del mio lavoro, possiamo finalmente iniziare il viaggio vero e proprio insieme. Questo libro sarà un'esperienza coinvolgente, dove esploreremo il passato, esploreremo il presente e ci proietteremo verso il futuro. Sarà un'avventura emozionante che ti porterà a scoprire segreti nascosti e a guardare oltre i confini della tua conoscenza.

Qui, condividerò con te un'ampia gamma di idee e concetti, prendendo in considerazione gli eventi che hanno plasmato il mondo in cui viviamo e riflettendo sulle dinamiche che danno forma al nostro presente. Ci soffermeremo anche sulle possibilità che il futuro ci riserva, un futuro ancora avvolto nel mistero e nell'incertezza.

Ma non sarai solo un osservatore passivo in questo viaggio. Dopo ogni capitolo, ti inviterò a esplorare ulteriormente i temi trattati attraverso delle domande che ti aiuteranno a riflettere in modo personale e profondo su ciò che abbiamo scoperto insieme.

Inoltre, per rendere questa esperienza ancora più coinvolgente, troverai degli audio correlati agli argomenti trattati. Sarà come immergerti in un mondo di storie, testimonianze ed esperienze che ti arricchiranno e ti aiuteranno a vedere le cose da prospettive diverse.

Questo libro è pensato per te, per arricchire la tua conoscenza e per farti crescere come individuo. Attraverso il passato e il presente, impareremo insieme a guardare al futuro con occhi nuovi, consapevoli e desiderosi di apprendere.

Sei pronto ad iniziare questa incredibile avventura insieme? È il momento di scoprire il mondo attraverso il nostro viaggio senza tempo. Prendi il tuo posto e preparati a scoprire, imparare e sognare. Ricorda che il viaggio è tanto importante quanto la meta stessa. Buon viaggio a te, caro lettore!

Il passato

Benvenuto alla prima parte del tuo viaggio di trasformazione in cui farai un tuffo nel tuo passato per scoprire come liberare spazio per la tua crescita personale e aprirti al successo.

Come ben puoi immaginare, ognuno di noi porta con sé un bagaglio fatto di esperienze, emozioni e convinzioni che hanno plasmato il nostro cammino fino a questo momento.
Riflettere sul passato ti offre l'opportunità di esplorare le tue radici, riconoscere i modelli ricorrenti e abbracciare una maggiore consapevolezza di chi sei diventato oggi.

In questa sezione utilizzeremo uno strumento pratico per pulire il tuo percorso dai condizionamenti limitanti e da ciò che non ti serve più. Affronteremo il lavoro interiore necessario per lasciar andare vecchi schemi, paure e blocchi che possono ostacolare il tuo progresso.

Attraverso l'esplorazione del passato, potrai trasformare le tue esperienze in preziosi insegnamenti. Sarà un momento per onorare le sfide affrontate, riconoscere i successi raggiunti e accogliere la saggezza acquisita lungo il percorso.

Sii pronto ad abbracciare questa fase di riflessione e pulizia.
Prenditi il tempo necessario per esplorare il tuo passato senza giudizio, con gentilezza e compassione.
Ricorda che il passato non definisce il tuo futuro, ma può diventare una risorsa preziosa per la tua crescita personale.

Durante questa settimana diventerai più consapevole di chi sei diventato oggi. Preparati a esplorare il passato, a pulire il tuo presente e a creare una base solida per un futuro di abbondanza.

Sono entusiasta di condividere questo viaggio con te e di accompagnarti in questo percorso straordinario.

Pronto a iniziare? Prenditi un momento per respirare profondamente e lascia che questa settimana sia il punto di partenza per la tua trasformazione.

Il viaggio comincia ora.

Chi eri: imparare dal passato

Fai pace con il tuo passato e
non lasciare che distrugga
il tuo presente.
Paulo Coelho

Tutti abbiamo un bagaglio che portiamo con noi. Esperienze passate, gioie, dolori, successi, fallimenti. Tutto questo ha contribuito a plasmare chi siamo oggi. Ma a volte, alcune di queste esperienze possono aggrapparsi a noi come catene, impedendoci di muoverci avanti.

La tua storia personale è un prezioso tesoro che ti ha modellato, plasmato e reso unico.

La tua storia è importante perché è il terreno fertile da cui attingere saggezza. È un ricco deposito di insegnamenti e lezioni preziose. Attraverso le tue esperienze passate, hai acquisito conoscenze, hai imparato dagli errori e hai sviluppato la forza interiore per affrontare le sfide future.

Tuttavia, è essenziale comprendere che il passato non può essere cambiato. Le azioni, le scelte e gli eventi che hanno segnato il tuo percorso sono già accaduti. Non possiamo cancellarli o modificare ciò che è stato.

Il passato è come un libro già scritto. Possiamo imparare dalla sua trama, dai personaggi che hanno attraversato le sue pagine, possiamo riscrivere la nostra storia su carta, ma non possiamo rivivere i capitoli precedenti e cambiarli. Possiamo solo riconoscere come il nostro passato ci ha influenzato e utilizzare questa consapevolezza per plasmare il nostro presente e il nostro futuro.

Quindi, piuttosto che rimuginare sulle scelte passate o desiderare di poter tornare indietro nel tempo, concentriamoci su come possiamo imparare, crescere e trasformarci a partire da ciò che abbiamo vissuto, elaborando gli eventi.

Ricorda che sei molto più di ciò che hai vissuto e sebbene il passato abbia contribuito a formare chi sei oggi, hai il potere di scegliere come vivere il presente e costruire il tuo futuro.

Il passato può insegnarti umiltà, compassione e resilienza. Ti insegna che sei in continua evoluzione e che ogni nuovo giorno è un'opportunità per crescere, imparare e cambiare.

Sii grato per il tuo passato, per le persone che hai incontrato e per le esperienze che hai vissuto.

So che può sembrare difficile lasciar andare ciò che ci ha definito per tanto tempo, ma pensa a quanto spazio libererai nella tua vita per le cose nuove e meravigliose che ti attendono.
Immagina il tuo futuro senza il peso del passato che ti trascina indietro.

Adesso è arrivato il momento di lasciare andare ciò che ti appesantisce e non ti serve più. Io sono qui e ti accompagno per mano.

Sul lasciare andare...

> *Non sono quello che mi è successo,*
> *sono quello che ho scelto di essere.*
> Carl Gustav Jung

In questo viaggio verso la scoperta di te stesso, è fondamentale preparare le valigie per il lungo cammino che ti attende. Per viaggiare leggeri e iniziare questo percorso di trasformazione devi prima liberarti di tutto ciò che non ti appartiene più. Queste cose appartengono al passato e se te le porti dietro peseranno sul tuo viaggio, impedendoti di avanzare con agilità e libertà.

Ecco dunque la prima strategia che condividerò con te per lasciare andare il passato.

Per fare questo esercizio avrai bisogno di:
- uno spazio di tempo in cui nessuno ti disturba
- fogli bianchi
- una penna

Ti invito a ritagliarti uno spazio di tempo, un'oasi di tranquillità in cui nessuno possa disturbarti. Prendi la penna e un foglio di carta bianca (senza righe o quadretti) e inizia a scrivere una lettera che comincia così: "Caro Passato, ..."

Ti chiedo di scrivere su questa lettera tutto ciò che desideri lasciare andare, tutto ciò che desideri lasciarti alle spalle: dolori, ferite, sofferenze e traumi. Fallo come se questa fosse la tua unica possibilità di liberarti di tutto ciò che ti pesa e che ti ha fatto male.

Se ti aiuta puoi partire dall'episodio più recente che desideri lasciar andare, e poi procedi via via andando indietro nel tempo.

Mi raccomando, scrivi senza freni, senza giudizio, lasciando che le parole fluiscano liberamente sulla pagina. Esprimi tutto ciò che hai trattenuto dentro di te, offrendo a queste emozioni un luogo sicuro dove risiedere. Quando senti che hai terminato chiudi tutto e metti via la tua opera.

Il giorno successivo, se ancora non hai finito, riprendi da dove hai lasciato senza rileggere ciò che hai scritto in precedenza. Continua a dedicare del tempo a questa pratica, affrontando uno dopo l'altro tutti i dolori del tuo passato. Scava nelle profondità della tua esperienza e permetti a ogni parola di liberarti dal peso che hai portato con te per troppo tempo.

Questo esercizio di scrittura sarà un viaggio di trasformazione interiore.
Attraverso di esso, affronterai il passato, rielaborando le esperienze e creando uno spazio di guarigione. Scoprirai che, man mano che scarichi il tuo fardello emotivo sulla carta, la tua mente e il tuo cuore si liberano e si alleggeriscono.
Ti sentirai sempre più pronto a partire verso nuovi orizzonti, libero da ciò che ti ha trattenuto nel passato.

La scrittura è uno strumento potente per abbracciare il potere curativo delle parole e aprire la porta alla trasformazione personale.
Con il passare dei giorni, vedrai come il tuo viaggio interiore prenderà forma, trasformando le pagine della tua vita in un'autentica opera di guarigione e rinascita.

La magia della scrittura ti accompagnerà nel tuo percorso, donandoti la forza di lasciar andare il passato, creando uno spazio per un futuro luminoso e pieno di possibilità. Grazie a questo esercizio introspettivo, giorno dopo giorno, pagina dopo pagina, avrai modo di osservare come i tuoi ricordi dolorosi si trasformano in testimonianze di forza e resilienza. La scrittura diventa il tuo alleato nella liberazione emotiva, consentendoti di riconnetterti con la tua vera essenza, abbracciando la tua autenticità.

Ricorda che durante questo processo di scrittura non devi giudicarti o cercare la perfezione letteraria. Non importa se le frasi sono articolate o se la grammatica è impeccabile. Ciò che conta è l'intenzione e l'emozione che metti nella tua scrittura, il coraggio di esplorare il tuo passato e di lasciarlo andare.

Mentre metti in pratica questo esercizio di scrittura terapeutica, sentirai che il tuo carico si alleggerisce sempre di più. I nodi emotivi si svelano, le ferite cominciano a guarire e la tua anima inizia a risplendere di nuovo. Ti rendi conto che sei pronto per un nuovo inizio, per viaggiare leggero verso il futuro che desideri.

La scrittura diventa così uno strumento di trasformazione personale, un compagno di viaggio che ti sostiene nel tuo cammino di crescita e consapevolezza. Ogni pagina scritta è un passo verso la libertà interiore e la rinascita. E mentre scrivi, ricorda che non sei solo. In ogni parola che tracci sulla pagina, puoi sentire la presenza di tutte le persone che hanno percorso questo stesso cammino di guarigione e trasformazione.
Io sono qui con te, testimone di tutto il tuo impegno.

Quando avrai scritto tutte le pagine del tuo passato e avrai messo da parte la penna per un momento, guardati allo specchio.
Se hai fatto questo esercizio per almeno sette giorni consecutivi, vedrai una persona diversa, una persona che ha avuto il coraggio di affrontare le sue ombre e di abbracciare la propria luce. Sarai pronto per iniziare un nuovo capitolo, con uno spirito rinnovato e una consapevolezza profonda.

Preparati a partire, a intraprendere un viaggio di avventure e successo, portando con te solo ciò che veramente ti appartiene: la tua essenza autentica, le tue passioni e i tuoi sogni.
Ogni passo che farai sarà sostenuto dalla consapevolezza di aver lasciato andare il passato e di essere pronto a creare una vita piena di abbondanza e significato.

Ricorda che hai il potere di scrivere la tua storia, di trasformare i tuoi sogni in realtà. Sogna, esplora e conquista l'abbondanza che meriti.

Ora, metti il libro delle tue esperienze passate nella tua valigia interiore. Chiudila con cura, sapendo che hai fatto pace con il tuo passato e che sei pronto a guardare avanti. Il prossimo capitolo della tua vita è una tela bianca, pronta per essere dipinta con colori vibranti e audaci. Se lo desideri puoi anche raccogliere gli scritti e, facendo attenzione, puoi dargli fuoco spegnendo poi con acqua. Questo è un rituale trasformativo e molto liberatorio che faccio fare spesso durante le mie masterclass e i miei percorsi trasformativi. Chi l'ha fatto si è sentito alleggerito e libero! Se lo farai fammi sapere cosa ti suscita, sono curiosa!

Ora preparati a esplorare, a sperimentare, a superare le tue stesse aspettative. Il viaggio è appena cominciato, e tu sei il protagonista di questa straordinaria avventura. Sogna, esplora, conquista l'abbondanza che risiede dentro di te e manifestala nel mondo.

Collegati al sito www.valentinagaburro.it e ascolta "Liberati dal passato" dalla sezione "Ipnosi Potenti"

Il potere curativo della scrittura.

Scrivere può avere un'efficacia terapeutica notevole, e uno dei pionieri nella ricerca su questo argomento è stato il professor James W. Pennebaker, uno psicologo sociale dell'Università del Texas. Pennebaker ha condotto studi approfonditi sul potere curativo della scrittura espressiva.

Secondo Pennebaker, scrivere su eventi emotivamente carichi può aiutare a elaborare le emozioni negative e promuovere il benessere psicologico. Nei suoi esperimenti, ha chiesto ai partecipanti di scrivere per 15-20 minuti al giorno su esperienze traumatiche o difficili. Ha scoperto che coloro che hanno tenuto un diario espressivo hanno riportato benefici significativi, come una riduzione dello stress, un miglioramento dell'umore e una maggiore consapevolezza di sé.

Una delle spiegazioni proposte per l'efficacia della scrittura terapeutica è il principio dell'inibizione emotiva. Spesso, quando viviamo eventi traumatici o dolorosi, tendiamo a sopprimere o evitare le emozioni associate ad essi. La scrittura espressiva rompe questo ciclo, permettendo alle persone di esprimere liberamente i loro pensieri e sentimenti senza giudizio. Questo processo di "scarico emotivo" può aiutare a ridurre l'intensità delle emozioni negative e a promuovere un senso di sollievo.

Inoltre, scrivere offre l'opportunità di creare una narrazione coerente e significativa intorno a esperienze passate. Questo processo di "riconsiderazione cognitiva" consente alle persone di ottenere una prospettiva più chiara e un senso di comprensione riguardo ai loro problemi. Attraverso la scrittura, si possono identificare schemi di pensiero negativi, scoprire nuove prospettive e trovare soluzioni ai problemi. Ciò può portare a una maggiore resilienza e adattabilità emotiva.

Altri benefici della scrittura terapeutica includono una migliore gestione dello stress, un potenziamento del sistema immunitario e un aumento dell'autostima. Pennebaker ha anche osservato che la scrittura espressiva può avere effetti positivi sulle condizioni fisiche, come il miglioramento della funzione polmonare e la riduzione dei sintomi di malattie croniche.

In sintesi, la scrittura terapeutica offre un modo strutturato per esplorare ed elaborare le emozioni negative, facilitando la guarigione emotiva. Gli studi di Pennebaker hanno fornito una solida base scientifica per comprendere i benefici di questa pratica. Quindi, se ti trovi ad affrontare sfide emotive o traumatiche, potresti considerare l'opzione di tenere un diario espressivo come parte del tuo percorso verso il benessere psicologico.

Approfondimento: l'esperimento di Pennebaker.

L'esperimento di Pennebaker, noto anche come "Expressive Writing", è stato condotto per esaminare gli effetti della scrittura espressiva sulla salute psicologica e fisica delle persone. Pennebaker ha reclutato partecipanti volontari, assegnandoli casualmente a due gruppi di scrittura. Un gruppo ha dovuto scrivere liberamente per 15-20 minuti al giorno, per 3-4 giorni consecutivi, esprimendo i loro pensieri e le emozioni riguardo a esperienze traumatiche o stressanti. Non c'erano restrizioni sul contenuto o sullo stile di scrittura. Il gruppo di controllo, invece, ha dovuto scrivere su argomenti neutri o non emotivi, come la descrizione degli oggetti presenti nella loro stanza o il resoconto di eventi quotidiani.

Prima e dopo l'esperimento, ai partecipanti sono state somministrate misurazioni psicologiche e fisiche per valutare il loro benessere, inclusi aspetti come lo stato d'animo, la qualità del sonno, l'autostima, l'equilibrio emotivo e la salute fisica.

I risultati dell'esperimento hanno mostrato che i partecipanti che hanno praticato la scrittura espressiva hanno riportato una serie di benefici rispetto al gruppo di controllo. Questi vantaggi includevano una riduzione dello stress, un miglioramento dell'umore, una maggiore consapevolezza di sé, una migliore funzione immunitaria e un miglioramento di alcune condizioni fisiche.

Secondo Pennebaker, la scrittura espressiva offre un'opportunità di elaborazione emotiva, permettendo alle persone di affrontare direttamente le loro esperienze traumatiche o stressanti. Attraverso questo processo, si possono sperimentare una serie di benefici psicologici e fisici.

È importante notare che l'esperimento di Pennebaker è stato replicato da altri ricercatori in vari contesti, e i risultati hanno generalmente confermato gli effetti positivi della scrittura espressiva sulla salute mentale. Ciò ha contribuito a stabilire una base scientifica per l'uso della scrittura terapeutica come strumento di supporto nella pratica clinica e nel benessere personale.

SEZIONE III

Non puoi cambiare il passato
né prevedere il futuro,
ma se ti preoccupi di entrambi
finirai per rovinare il presente

Benvenuto alla terza parte del tuo straordinario viaggio di trasformazione. Durante questa settimana, ci immergeremo nel presente, esplorando e definendo chi sei oggi. È il momento di concentrarsi sulla tua identità attuale e sul tuo posizionamento nella vita.

Spesso, nella frenesia della quotidianità, siamo talmente impegnati ad affrontare le sfide e le responsabilità che ci dimentichiamo di fare una pausa e riflettere su chi siamo veramente. Questa parte ti offrirà l'opportunità di fare esattamente questo: mettere in luce la tua essenza, i tuoi valori e ciò che è veramente importante per te.

Definire chi sei oggi richiede un atto di autoconsapevolezza profonda. Implica scavare dentro di te e connetterti con i tuoi desideri, le tue passioni e i tuoi scopi. È un invito ad ascoltare la tua voce interiore e ad onorare la tua autenticità.

Nel corso di questi giorni, ti guiderò attraverso un processo di riflessione e di definizione personale. Esploreremo insieme i diversi aspetti che compongono la tua identità: le tue caratteristiche uniche, i tuoi talenti, le tue esperienze significative e le tue aspirazioni.

Ti invito a liberarti dalle etichette che potresti aver ricevuto dagli altri o che ti sei autoimposto nel tempo. Questa è l'opportunità per definirti senza confini, senza limiti. Non esistono giudizi o confronti. Ciò che conta è la tua verità e la tua autenticità.

Definire chi sei oggi ti permetterà di allinearti con il tuo vero scopo e di prendere decisioni consapevoli che rispecchino i tuoi valori fondamentali. Ti aiuterà a focalizzarti su ciò che è veramente importante per te e a creare una vita in armonia con la tua essenza.

Ricorda che la definizione di te stesso non è statica. Sebbene esploreremo l'identità attuale è importante sottolineare che sei in continua evoluzione. Ciò che scoprirai ti accompagnerà nel tuo percorso, ma sarai libero di ridefinirti nel corso del tempo.

Preparati per un viaggio di scoperta e connessione profonda con te stesso. Sii aperto alle sfide e alle opportunità che incontrerai lungo il cammino. Ricorda che sei straordinario e dopo questa avventura sarai un passo avanti verso la creazione di una vita autentica e significativa.

Apri il tuo cuore e inizia a definire chi sei oggi.

Il presente

Tu ne vali la pena.

La consapevolezza di sé, la conoscenza profonda e autentica della propria identità, è fondamentale per il nostro benessere e per la realizzazione personale. Comprendere chi siamo veramente è come possedere una bussola che ci guida lungo il percorso della vita.

Quando siamo consapevoli della nostra vera essenza, siamo in grado di prendere decisioni che sono allineate con i nostri valori, i nostri desideri e le nostre passioni. Conoscere se stessi ci aiuta a identificare e perseguire obiettivi che ci portano felicità e soddisfazione autentica.

La conoscenza di sé ci permette di capire come reagiamo alle situazioni, come ci relazioniamo con gli altri e come affrontiamo le sfide che la vita ci presenta. Questa consapevolezza ci dà la possibilità di esplorare e superare i nostri limiti, di lavorare sulle nostre debolezze e di sviluppare le nostre potenzialità.

Conoscere se stessi ci aiuta anche nelle relazioni interpersonali. Quando siamo consapevoli dei nostri bisogni, dei nostri confini e delle nostre aspettative, possiamo comunicarli in modo chiaro agli altri. Questa chiarezza promuove relazioni più autentiche e significative, in cui siamo veramente compresi e accettati per ciò che siamo.

Quando comprendiamo i nostri punti di forza e le nostre risorse interiori, siamo in grado di affrontare le sfide che la vita ci presenta con maggiore determinazione, fiducia e resilienza.
La conoscenza di sé ci aiuta a rafforzare la nostra autostima e a sviluppare una visione positiva di noi stessi.

In queste pagine mi piacerebbe farti riflettere sul punto in cui ti trovi oggi, il tuo punto di partenza.

TEST: L'AUTOVALUTAZIONE DEL SUCCESSO

In questa sezione voglio donarti uno strumento potente per valutare il tuo percorso di crescita e successo. Rispondendo a queste cinque domande, ti aiuterai a mantenere un chiaro riferimento delle tue aspirazioni e obiettivi. Saranno come dei punti di luce lungo tutto il cammino, una mappa che ti guiderà verso la realizzazione dei tuoi sogni.

Ogni tre/sei mesi, prenditi un prezioso istante per esplorare il tuo essere e rispondere sinceramente alle domande qui sotto. Valuta il livello di felicità, l'equilibrio tra le diverse sfere della tua vita, la passione che nutri per ciò che fai e il senso di realizzazione che sperimenti.

1.   **Domanda 1: Quanto sei felice della tua vita oggi?**

Punteggio: ____

Da 0 (per niente felice) a 5 (completamente felice), assegna un punteggio a come ti senti riguardo alla tua vita attuale. Questa valutazione ti aiuterà a comprendere il tuo stato emotivo e individuare gli aspetti che possono essere migliorati.

2.   **Domanda 2: Senti che questa è la vita migliore che puoi vivere?**

Punteggio: ____

Da 0 (assolutamente no) a 5 (assolutamente sì), rifletti su quanto ti senti pienamente realizzato nella tua esistenza. Questa domanda ti spingerà a confrontarti con le tue ambizioni e a identificare i cambiamenti necessari per vivere la vita dei tuoi sogni.

3.   **Domanda 3: Quanto senti in equilibrio le diverse aree della tua vita? (Considera queste otto aree della vita: crescita personale, lavoro e carriera, finanze e risparmi, relazioni amorose, famiglia, svago, vita sociale, salute e benessere)**

Punteggio: ____

Da 0 (squilibrio totale) a 5 (equilibrio armonioso), valuta quanto le varie sfere della tua vita (come la crescita personale, il lavoro, le relazioni, la famiglia, la salute, il tempo libero, le finanze e i risparmi) siano in armonia tra loro. Questa riflessione ti consentirà di individuare gli aspetti che richiedono maggiore attenzione per raggiungere un benessere globale.

4.   Domanda 4: Quanto ti appassiona ciò che stai facendo?

Punteggio: ____

Da 0 (per niente) a 5 (completamente), valuta quanto il tuo lavoro e le tue attività quotidiane ti ispirino e coinvolgano. Questa valutazione ti aiuterà a mantenere vivo il fuoco della passione e a scoprire nuove opportunità di crescita personale.

5.   Domanda 5: Quanto ti senti realizzato?

Punteggio: ____

Da 0 (insoddisfatto) a 5 (completamente realizzato), esplora il tuo senso di realizzazione personale. Questo è il momento di riflettere sulla tua crescita, i traguardi raggiunti e i desideri ancora da realizzare.

Queste domande sono il faro che ti guiderà lungo il cammino di trasformazione personale. Rispondi a queste domande con sincerità e senza giudizio. Usale per tracciare il percorso verso i tuoi obiettivi, per rimanere centrato sulla tua visione e per aprire le porte a un futuro di successo e realizzazione.

E ricorda, queste domande possono essere ripetute periodicamente per vedere come cresci e ti sviluppi nel tempo.

Il lavoro sulla tua identità è un percorso di crescita e evoluzione continua che ti guida verso una vita più autentica, significativa e gratificante. È un investimento prezioso che ti porta a una maggiore consapevolezza, felicità e realizzazione personale.
Ricorda che la conoscenza di te stesso è un viaggio senza fine, in continua evoluzione, che ti condurrà a una connessione più profonda con la tua vera essenza.

RISULTATI DEL TEST

Cosa dice il tuo punteggio? Ecco le istruzioni per calcolare il punteggio del test delle cinque domande.

1. Prendi il questionario con le cinque domande e rispondi a ciascuna di esse. Assegna un punteggio a ciascuna risposta sulla base della scala seguente:

- 0: Per niente
- 1: Poco
- 2: Moderatamente
- 3: Abbastanza
- 4: Molto
- 5: Completamente

2. Una volta che hai assegnato un punteggio a ciascuna domanda, somma tutti i punteggi insieme per ottenere il "punteggio totale" del test.

3. Ora puoi interpretare il risultato basandoti sulla tabella seguente. Ti aiuterà a comprendere il tuo livello di benessere personale e a identificare eventuali aree in cui puoi lavorare per migliorare la tua felicità e realizzazione.

Scopri il significato del tuo risultato e trova spunti per migliorare il tuo benessere e la tua felicità.

- **Punteggio totale 25. Ottimo!** Il tuo benessere e il senso di realizzazione sono al massimo livello. Continua a coltivare questa positività nella tua vita.

- **Punteggio totale tra 20 e 24. Molto buono!** Hai raggiunto un buon livello di benessere e felicità, ma ci sono ancora piccole aree che puoi migliorare.

- **Punteggio totale tra 15 e 19. Buono!** Sei a buon punto, ma potresti voler esplorare alcuni aspetti per ottenere una maggiore felicità e realizzazione.

- **Punteggio totale tra 10 e 14. Mediocre.** C'è spazio per un miglioramento significativo nella tua vita. Identifica gli aspetti che ti stanno ostacolando e lavora per superarli.

- **Punteggio totale inferiore a 10: Datti da fare!** Il tuo benessere e la tua felicità potrebbero essere influenzati negativamente da diverse sfide. Concentrati su ciò che puoi cambiare e usa la domanda del segreto n.4!

Ricorda che questo test è solo uno strumento di autovalutazione e potrebbe non riflettere tutte le sfaccettature della tua vita. Se ti senti più a tuo agio puoi anche usare queste cinque domande come linea guida per crearne di nuove.

Il benessere è un percorso individuale e un processo continuo di crescita personale.

L'esercizio dello specchio

Amare se stessi è l'inizio di una
storia d'amore lunga tutta una vita.
Oscar Wilde

Ora che hai concluso la scrittura del tuo passato, hai messo da parte il libro delle tue esperienze e hai definito il tuo punto di partenza, sei pronto per il passo successivo nella tua avventura di trasformazione personale. Questo passo richiede uno strumento potente per riflettere su chi sei oggi e per guardarti con occhi diversi.

Ti invito a procurarti proprio uno specchio e a trovare un momento di tranquillità in cui poterti dedicare completamente a te stesso. Prenditi il tempo necessario per creare un ambiente calmo e accogliente, dove poterti sentire a tuo agio.

Quando sarai pronto, prendi lo specchio tra le mani e osserva la tua immagine riflessa. Non guardarti semplicemente, ma permetti a te stesso di osservarti con occhi nuovi, privi di giudizio e carichi di amore e compassione. Guardati negli occhi per qualche istante e nota che sensazioni ti provoca...

Guarda oltre l'aspetto fisico e cerca di connetterti con l'anima che risiede dentro di te. Guarda negli occhi quella persona straordinaria che hai scoperto durante il processo di scrittura e lascia che il tuo sguardo si riempia di gratitudine per tutto ciò che sei diventato e che sei oggi.

Nel riflesso dello specchio, riconosci la tua forza interiore, la tua bellezza unica e il tuo potenziale illimitato. Concediti il permesso di ammirare te stesso per ciò che hai superato, per le sfide che hai affrontato e per il coraggio che hai dimostrato lungo il cammino.

Guardandoti allo specchio, riflettendo sull'essenza di chi sei diventato, ammira la persona che hai trovato nel corso di questo processo. Riconosci il coraggio, la resilienza e la determinazione che ti hanno portato fino a qui. Osserva i tuoi occhi, che ora brillano di autenticità e di un nuovo senso di fiducia in te stesso.

Lascia che la tua immagine riflessa nello specchio ti ricordi che sei una persona straordinaria, capace di affrontare le sfide, di superare gli ostacoli e di abbracciare il tuo potenziale illimitato. Prometti a te stesso di continuare a coltivare questa connessione con te stesso, di nutrire la tua anima e di continuare a crescere.

Con l'entusiasmo di questa scoperta, sappi che sei pronto per iniziare un nuovo capitolo della tua vita. Il viaggio che intraprenderai sarà ricco di avventure, di apprendimenti e di successi. Non sarai più legato al passato, ma vivrai nel presente, consapevole del potere della tua mente e del coraggio del tuo cuore.

L'esercizio dello specchio ti offre l'opportunità di accettare te stesso completamente, con tutti i tuoi pregi e le tue imperfezioni. È un momento di autocelebrazione e di accoglienza incondizionata di chi sei.

Preparati a esplorare questa pratica di amore verso te stesso e di riconoscimento della tua autenticità. Lo specchio diventerà un prezioso alleato nel tuo viaggio di autoscoperta e di crescita personale.

Ora preparati ad abbracciare la tua immagine riflessa con gratitudine e amore. Sii aperto alle emozioni che potrebbero sorgere e lascia che il tuo sguardo sia un promemoria costante del tuo valore e della tua bellezza interiore.
Sii gentile con te stesso e concediti il dono di accettazione e amore incondizionato. Attraverso lo specchio, scoprirai un nuovo modo di vederti e di vivere una vita piena di autenticità e abbondanza.

Prima di salutarti con dolcezza e complicità, guardati negli occhi e fatti una promessa, quella che senti arrivare dal profondo del tuo cuore.

E così, con il riflesso nel tuo sguardo e il fuoco nel tuo cuore, sei pronto a continuare il tuo viaggio in questa vita di avventure e successo. Non smettere mai di credere in te stesso e nel potere dei tuoi sogni. La vita che desideri ti attende e tu sei destinato a realizzarla.

Esercizio dello specchio.

Dopo che ti sei guardato negli occhi, prendi la tua penna preferita e, con cura, scrivi cosa ti ha trasmesso quello sguardo, descrivi chi sei e quale promessa ti sei fatto.

Chi sei?
Chi sei veramente?

....
....
....
....
....
....
....
....
....
....
....
....
....
....
....
....
....
....
....

Io sono

....
....
....
....
....
....
....
....

E mi prometto di

....
....
....
....
....
....
....
....
....

Data e Firma

....

Se lo desideri puoi inviarmi la tua promessa all'indirizzo info@valentinagaburro.it

Per me sarà un onore esserne Testimone! Ricorda che quando condividiamo una promessa con qualcuno diventa più facile mantenere la parola data.

Questo avviene per diverse ragioni:

1. **Responsabilità sociale**: quando condividiamo una promessa con altre persone, ci sentiamo socialmente obbligati a mantenerla. Non vogliamo deludere chi ci ha sentito impegnarci.

2. Trasparenza: condividendo una promessa, rendiamo chiara la nostra intenzione di mantenerla. Questo può aumentare la fiducia delle persone nella nostra parola.

3. Sostegno emotivo: quando coinvolgiamo altri nella nostra promessa, possono offrire supporto emotivo e pratico per aiutarci a mantenerla. Questo può rendere il compito più facile da portare a termine.

4. Controllo e responsabilità: la condivisione di una promessa può portare a un maggiore senso di controllo e responsabilità, poiché sappiamo che stiamo facendo una promessa "pubblica".

In generale, coinvolgere gli altri nel processo di mantenimento delle promesse può essere un potente incentivo per essere fedeli alla nostra parola. È importante, tuttavia, essere sinceri e realistici nelle promesse che facciamo, in modo che possiamo mantenere la nostra reputazione di persone di parola.

Ora sei pronto per andare avanti e puoi approfondire quanto fatto con l'ipnosi a te riservata!

Collegati al sito www.valentinagaburro.it e ascolta "Chi sei veramente?" dalla sezione "Ipnosi Potenti"

Il potere della gratitudine

Non sono le persone felici a sentirsi grate,
ma le persone grate a sentirsi felici.
Francesco Bacone.

Nel viaggio verso la realizzazione del tuo personale successo, la gratitudine svolge un ruolo fondamentale. È una pratica semplice ma potente che ci permette di abbracciare la pienezza del presente e di attrarre ancora di più ciò che desideriamo nella nostra vita.

La gratitudine è come una lente d'ingrandimento che mette in evidenza le benedizioni e le ricchezze che ci circondano, anche nelle situazioni apparentemente difficili. Quando adottiamo un atteggiamento di gratitudine, spostiamo il nostro focus dai problemi alle soluzioni, dalla mancanza all'abbondanza e dalla paura alla fiducia.

Vari studi scientifici hanno dimostrato quanto le persone che fanno della gratitudine un atteggiamento consapevole, sono più soddisfatte delle proprie vite, meno vulnerabili alla depressione e raggiungono molti più obiettivi.

Ti porto come esempio lo studio condotto da Emmons e McCullough nel 2003. Lo scopo dello studio era valutare se tenere un diario della gratitudine potesse influenzare il benessere psicologico e ridurre i sintomi depressivi.

Nello studio, sono stati reclutati più di 400 partecipanti che sono stati assegnati casualmente a uno dei tre gruppi: il gruppo del diario della gratitudine, il gruppo del diario delle lamentele e il gruppo del diario neutro. I partecipanti sono stati istruiti a scrivere ogni settimana per dieci settimane, annotando cinque cose per cui erano grati (nel caso del gruppo della gratitudine), cinque eventi negativi o lamentele (nel caso del gruppo delle lamentele) o cinque eventi neutri senza emozioni particolari (nel caso del gruppo neutro).

I risultati dello studio hanno mostrato che i partecipanti del gruppo della gratitudine hanno riportato un aumento del

58

benessere psicologico e della soddisfazione nella vita rispetto agli altri gruppi. Inoltre, hanno mostrato una diminuzione dei sintomi depressivi rispetto al gruppo delle lamentele e al gruppo neutro.

Questa ricerca suggerisce che focalizzarsi sulla gratitudine attraverso la scrittura di un diario può avere un impatto positivo sulla salute mentale e sul benessere psicologico. Tenere traccia delle cose per cui si è grati può aiutare a spostare l'attenzione dalle preoccupazioni e dai pensieri negativi verso gli aspetti positivi della vita, promuovendo un senso di gratitudine e apprezzamento.

È importante sottolineare che lo studio di Emmons e McCullough è solo uno dei molti esempi di ricerca che hanno evidenziato i benefici della gratitudine. Gli studi successivi hanno esplorato ulteriormente questa relazione e hanno fornito ulteriori prove a sostegno dell'importanza della gratitudine per il benessere mentale.

Anche Martin Seligman, uno psicologo noto per i suoi studi sul benessere e la felicità, ha dedicato parte delle sue ricerche al potere della gratitudine. Seligman ha sostenuto che la gratitudine è un aspetto fondamentale del benessere psicologico e può avere un impatto significativo sulla felicità e sulla riduzione della depressione.

Secondo Seligman, la gratitudine può essere considerata una delle chiavi per coltivare l'ottimismo e promuovere un atteggiamento positivo verso la vita. Egli ha suggerito che, nel contesto della psicologia positiva, la gratitudine può contribuire a spostare l'attenzione dalle preoccupazioni e dai problemi verso gli aspetti positivi e le benedizioni presenti nella propria vita.

Seligman ha promosso la pratica della gratitudine attraverso l'uso di esercizi specifici, come tenere un diario di gratitudine in cui le persone annotano quotidianamente le cose per cui sono grate. Questo tipo di pratica può aiutare a rafforzare l'attenzione sui positivi e a sviluppare una prospettiva più ottimista.

Inoltre, Seligman ha sostenuto che la gratitudine può anche migliorare le relazioni interpersonali. Essere grati verso gli altri e manifestare riconoscenza può contribuire a creare un clima di apprezzamento reciproco e di connessione positiva con gli altri.

In sintesi, Seligman ha riconosciuto il potere della gratitudine nel promuovere il benessere psicologico e ha suggerito che la sua pratica può essere una strategia efficace per aumentare la felicità, ridurre la depressione e migliorare le relazioni con gli altri.

Un modo semplice per iniziare a coltivare la gratitudine è tenere un diario della gratitudine: ogni giorno, dedica un momento a scrivere almeno tre cose per cui sei grato. Possono essere grandi o piccole, tangibili o intangibili. L'importante è concentrarsi sulle sensazioni positive che queste cose o esperienze ti suscitano.

Lascia che la tua mente si immerga completamente in queste gratitudini. Rivivi le emozioni positive che hanno accompagnato quei momenti. Per esempio, potresti scrivere: "Sono grato per il sorriso sincero di un amico che mi ha illuminato la giornata" o "Sono grato per il sole che splende attraverso le nuvole, donandomi calore e vitalità".

Con il passare del tempo, noterai che la tua attenzione si sposterà sempre più verso ciò che ti rende grato. Attrarrai nella tua vita esperienze e persone che riflettono l'abbondanza che senti dentro di te. La gratitudine diventerà un'energia magnetica che ti permetterà di attrarre ulteriori opportunità.

Oltre al diario della gratitudine, puoi sperimentare l'esercizio della gratitudine nel momento presente.

Pratica la consapevolezza, prendendo nota di ciò che ti circonda e cercando di trovare qualcosa di bello e prezioso in ogni istante. Può essere il suono di un uccello che canta, il profumo di un fiore o il calore di una tazza di tè nelle tue mani. Coltiva la gratitudine per queste piccole meraviglie che spesso passano inosservate.

La pratica della gratitudine non si limita solo alla scrittura o all'osservazione, ma si estende alla condivisione.

Esprimere la gratitudine verso gli altri, sia verbalmente che attraverso gesti concreti, crea un legame profondo e apre la strada a connessioni significative. Mostra apprezzamento verso le persone che ti circondano, riconoscendo il loro contributo e l'impatto positivo che hanno nella tua vita.

Diversi studi hanno dimostrato che quando compiamo atti di generosità stiamo meglio, anche se questi non sono spontanei.

Non solo: alcune ricerche preliminari hanno sottolineato che esprimere gratitudine può influenzare i livelli di ossitocina nel corpo.

Ad esempio, lo studio condotto da Paul J. Zak e colleghi nel 2007 ha scoperto che i livelli di ossitocina possono aumentare quando le persone ricevono segni di apprezzamento o quando si impegnano in comportamenti altruistici, ma è anche vero il contrario: quando abbiamo alti livelli di ossitocina nel corpo siamo più generosi e meno inclini ai litigi.

Anche il semplice atto di scrivere lettere di gratitudine è stato associato ad un aumento dei livelli di questo ormone.

Altri studi e ricerche hanno dimostrato che l'ossitocina aumenta la fiducia in noi stessi e ci aiuta a superare i traumi e a ridurre la paura.

La gratitudine è un'abilità che si sviluppa nel tempo, quindi sii paziente con te stesso. Non aspettarti di sentire immediatamente un cambiamento radicale nella tua vita, ma sappi che ogni piccolo passo verso la gratitudine è un passo verso l'abbondanza.

Ricorda che la gratitudine non è solo una questione di "conteggiare le tue benedizioni", ma di abbracciare uno stato d'animo di apprezzamento e riconoscimento per tutto ciò che hai e che sei. La gratitudine ti aiuta a vedere le opportunità nascoste, a coltivare la fiducia nel processo della vita e a sentirti connesso con il flusso universale dell'abbondanza.

Infine, ricorda che la gratitudine è una pratica continua.

Non si tratta solo di un semplice esercizio, ma di uno stile di vita che permea ogni aspetto della nostra esistenza. Più pratichiamo la gratitudine, più diventa una parte intrinseca di noi stessi, plasmando il nostro modo di pensare, sentire e agire e facendoci sentire più contenti.

Attraverso la gratitudine, ci connettiamo con l'energia dell'abbondanza che risiede dentro di noi.

Giorno dopo giorno ti renderai conto sempre di più dell'abbondanza che ti circonda e sarai pronto a cogliere le avventure e il successo che ti attendono.

La gratitudine è la chiave che sblocca le porte del benessere. Sperimenta il suo potere e lascia che ti guidi verso una vita piena di gioia, scoperta e realizzazione.

Esercizio: il diario della Gratitudine

So che domani andrai a comprarti un diario per iniziare questo nuovo esercizio, ma nel frattempo mi piacerebbe che tu fermassi su carta questo momento, qui e ora: respira profondamente e rispondi con il cuore aperto.

Scrivi tre cose di cui sei grato e che ti sono capitate oggi (possono essere momenti, incontri, sorprese o semplici dettagli della vita quotidiana).

1...
2...
3...

Rifletti sul significato di queste esperienze per te. Cosa rappresentano nella tua vita? Qual è l'impatto che hanno sul tuo stato d'animo, sulla tua connessione con gli altri e sulla tua visione del mondo?

1. ....
2...
3...

Come puoi fare per vivere esperienze simili in futuro?

1...
2...
3...

Prenditi tutto il tempo che ti serve per rispondere a queste domande. La gratitudine è un prezioso dono che possiamo coltivare ogni giorno.

Grazie per condividere questo momento con me.

Esercizio alternativo: il Barattolo della Gratitudine.

L'esercizio del "Barattolo di Gratitudine" è un modo tangibile e potente per coltivare la gratitudine e apprezzare le piccole gioie della vita. Questa pratica quotidiana ti aiuterà a concentrarti in modo divertente su ciò che ti rende grato e a creare un rifornimento di positività da sfruttare nelle giornate più difficili.

Cosa Ti Serve.

Un barattolo di vetro. Scegli un barattolo che ti piaccia, puoi decorarlo a tuo piacimento per renderlo unico e speciale.

Cartoncini o piccoli biglietti. Taglia dei cartoncini o bigliettini colorati in modo da poter scrivere su di essi.

Penna o penna colorata. Usa una penna che ti piaccia e che renda divertente il momento di scrivere.

Come Fare.

Preparazione. Prendi il barattolo di vetro e decoralo secondo i tuoi gusti. Puoi usare adesivi, nastri, glitter o qualsiasi altro oggetto decorativo che ti ispiri. Personalizza il barattolo in modo che rifletta la tua personalità.

Scrivi 3 cose per cui sei grato. Ogni giorno, prendi uno dei piccoli cartoncini e scrivi su di esso tre cose per cui sei grato. Queste possono essere piccole gioie quotidiane, momenti speciali, gesti gentili da parte di qualcuno, o qualsiasi cosa ti abbia reso felice e grato.

Conserva i bigliettini nel barattolo. Piega il cartoncino e inseriscilo nel barattolo. Puoi fare questo ogni giorno o anche quando ti senti particolarmente grato, non c'è un limite di tempo stabilito.

Momenti difficili. Quando ti senti giù o hai una giornata difficile, prendi uno o più bigliettini dal barattolo e rileggili. Ricordati delle cose positive e gratificanti nella tua vita, questo ti aiuterà a cambiare il tuo umore e a rinnovare la gratitudine.

Riempi il barattolo. Continua questa pratica e vedrai che con il passare del tempo, il barattolo si riempirà di gratitudine, e avrai a disposizione una collezione speciale di momenti di gioia e apprezzamento.

Idee e suggerimenti.

È bello provare gratitudine, ma è emozionante anche condividerla con le altre persone.

Oggi ti invito a fare un esercizio speciale: prenditi un momento per esprimere la tua gratitudine a una persona a cui sei riconoscente per un motivo particolare. Questa persona potrebbe essere un familiare, un amico, un collega o persino uno sconosciuto che ha fatto qualcosa di gentile per te.

Sii libero di dare voce ai tuoi pensieri più intimi e di riflettere sulla bellezza della gratitudine. Scrivi un messaggio speciale, un "grazie" sincero, e diffondi positività e amore.

La gratitudine è un sentimento magico che può elevare lo spirito di chi lo riceve e di chi lo esprime. È un gesto d'amore disarmante che può cambiare il mondo.

Quindi, prendi carta e penna, o scrivi una e-mail, o ancora tagga la persona sui social e inizia questo viaggio di riconoscenza. Sii gentile, sincero e aperto nel tuo messaggio di gratitudine.

Nelle sfide e nelle gioie di ogni giorno, non dimenticare mai l'importanza di essere grati. La tua parola di apprezzamento può fare la differenza nella vita di qualcuno e creare un legame speciale. Esprimi la tua gratitudine e condividi questo esercizio con le persone a cui tieni.

Puoi trasformare la giornata di qualcuno con un semplice "grazie".

Io ringrazio te per essere arrivato fino a qui.

SEZIONE IV

Con grande entusiasmo, entriamo oggi nella quarta sezione del nostro straordinario percorso insieme. Congratulazioni per aver raggiunto questo punto cruciale della tua trasformazione!
Ora arriva la parte che mi piace di più! Questa fase è particolarmente affascinante, divertente e creativa. È giunto il momento di dare forma al tuo futuro, aprendo le porte all'abbondanza che meriti e desideri.

Nelle parti precedenti, abbiamo dedicato del tempo per esplorare il tuo passato e liberarti di ciò che non ti serviva più.
Hai acquisito preziose lezioni e hai abbracciato il potere curativo della scrittura. Ti sei guardato allo specchio e hai riconosciuto la tua essenza più pura e più autentica. Hai imparato a vivere nel presente, ad abbracciare la gratitudine e a vivere in modo intenzionale. Ora, è il momento di portare tutto questo nella costruzione del tuo futuro.

In questa sezione diventerai l'architetto della tua esistenza, colui che scolpisce la propria identità.
Ora ti invito caldamente a sognare in grande e a pensare senza limiti! Il tuo futuro è un'opportunità inesauribile di creare una vita che ti riempia di gioia e realizzazione.

Successivamente ti guiderò nel definire obiettivi chiari e realizzabili, scomponendoli in passi più piccoli e gestibili. Imparerai a creare un piano d'azione concreto che ti consentirà di avanzare costantemente verso i tuoi obiettivi. Non dimenticare che ogni piccolo passo compiuto è un mattoncino che contribuisce alla costruzione del tuo futuro luminoso.

Infine, esploreremo il potere della visualizzazione. Ti mostrerò come sintonizzarti con l'energia positiva e agire come se i tuoi desideri si stessero già manifestando nella tua vita.

Attraverso alcuni esercizi pratici rafforzerai la tua capacità di attrarre ciò che desideri nel tuo futuro. Sarà un'esperienza sorprendente e potente che ti aprirà le porte a possibilità illimitate.

Sei pronto a disegnare il tuo futuro? Sono emozionata per te per l'entusiasmante viaggio che stai per intraprendere. Preparati a scoprire la meraviglia di ciò che può accadere quando costruisci un futuro in armonia con il tuo vero io. Afferra la tua immaginazione, apri le porte dell'abbondanza e sii pronto a creare la vita che meriti.

Il futuro

Tutto ciò che esiste, una volta era solo immaginato.
E tutto ciò che esisterà dovrà prima essere immaginato:
usa l'immaginazione per configurare la vita che vuoi.
Wayne Walter Dyer

La vita è un'avventura meravigliosa in continua evoluzione e il futuro è la nostra tela bianca in cui dipingere le nostre speranze, i nostri sogni e le nostre ambizioni. Pianificare e realizzare il futuro richiede una combinazione di impegno, creatività e consapevolezza di sé.

Il primo passo da compiere è sapere sognare e immaginare ciò che desideriamo. Spesso sappiamo dire benissimo cosa NON vogliamo più nella nostra vita, ma con i desideri come te la cavi? Ti sfido a scrivere 100 cose che desideri e a dirmi se è facile o difficile. Se arrivi facilmente a 100 sei molto avanti! In caso contrario questo sarà un buon allenamento per te.

Ora andiamo avanti. I sogni sono le stelle che illuminano il nostro cammino, le fonti inesauribili di ispirazione e il carburante che alimenta il motore del cambiamento. Quando sogniamo, permettiamo alla nostra mente di spaziare verso l'infinito, oltrepassando le barriere che ci limitano e aprendo le porte a un mondo di possibilità.

Ma cosa accade quando i sogni si scontrano con la realtà? Spesso, le sfide finanziarie e le preoccupazioni economiche sembrano spegnere la fiamma dei nostri sogni, lasciandoci intrappolati in un ciclo di limitazioni. Ci inganniamo raccontandoci che prima o poi arriverà il momento di fare ciò che adesso non possiamo fare e pian piano i nostri sogni si assopiscono, lasciando un senso di insoddisfazione e frustrazione nel profondo del nostro essere.

Ma io sono qui per dirti che non dev'essere così. I sogni non sono solo utopie irraggiungibili, ma piuttosto le mappe che ci guidano verso la realizzazione dei nostri obiettivi e l'abbondanza nella nostra vita. È tempo di sognare oltre i limiti e scoprire il potere trasformativo dei nostri desideri più arditi.

Ma come possiamo mantenere vivi i nostri sogni, nonostante le sfide che la vita ci presenta? La risposta risiede nella fiducia in noi stessi e nella volontà di superare i limiti autoimposti. Dobbiamo sfidare le convinzioni che ci dicono che il successo è riservato solo a pochi e che la nostra situazione attuale sia destinata a rimanere invariata. È tempo di riscrivere il tuo script interiore e abbracciare una nuova narrazione, in cui i sogni diventano una realtà tangibile. È arrivato il momento di scrivere il copione della tua vita.

Se puoi pensarlo, puoi farlo.

La visualizzazione è un potente strumento che può aiutarci a raggiungere i nostri obiettivi e realizzare i nostri sogni. Quando immaginiamo vividamente il nostro successo, creiamo una connessione tra la nostra mente e il nostro corpo, che ci spinge a compiere azioni concrete per raggiungere ciò che desideriamo. La visualizzazione può essere utilizzata in molti ambiti della vita, come la carriera, le relazioni personali, la salute e lo sport, ed è una pratica che ha dimostrato di portare risultati tangibili.

La visualizzazione si basa su principi scientifici solidi. Il nostro cervello non riesce a distinguere tra ciò che è reale e ciò che è immaginato. Quando visualizziamo con grande dettaglio e coinvolgimento emotivo, il nostro cervello reagisce come se stessimo realmente vivendo quella situazione. Questo attiva il sistema di ricompensa del nostro cervello, che rilascia neurotrasmettitori come la dopamina che ci fanno sentire motivati e concentrati.

Inoltre, la visualizzazione può influenzare il nostro subconscio, che è responsabile delle nostre credenze e comportamenti, favorendo il cambiamento positivo.

La visualizzazione offre numerosi benefici quando si tratta di fissare gli obiettivi. Innanzitutto, ci aiuta a definire chiaramente ciò che vogliamo raggiungere. Quando visualizziamo i nostri obiettivi con dettaglio, diventano più tangibili e reali nella nostra mente. Questo ci permette di concentrarci su ciò che conta davvero e ci motiva a prendere azioni concrete per raggiungerli.

Inoltre, la visualizzazione ci aiuta a mantenere alta la nostra motivazione e a superare gli ostacoli lungo il percorso. Quando immaginiamo il successo, sentiamo l'emozione positiva che ci spinge ad andare avanti nonostante le difficoltà.

Infine, la visualizzazione ci aiuta a sviluppare una mentalità di successo. Quando visualizziamo noi stessi raggiungere i nostri obiettivi, creiamo una forte connessione tra la nostra mente e il nostro corpo che ci spinge a credere in noi stessi e a prendere azioni che ci avvicinino al successo.

La visualizzazione spiegata in sei fasi.

Fase 1. Preparazione del luogo.

Trova un luogo tranquillo e privo di distrazioni dove puoi concentrarti completamente sulla visualizzazione. Crea uno spazio dedicato alla riflessione e all'ispirazione, che ti permetta di rilassarti e metterti in sintonia con te stesso. Può essere un angolo accogliente nella tua casa o un posto in natura che ti trasmetta calma e serenità. Se desideri, puoi mettere una musica rilassante di sottofondo per aiutarti a entrare nello stato di rilassamento. Io di solito utilizzo la musica a 432 Hz oppure musica con suoni binaurali. Su internet trovi un sacco di tracce di questo tipo.

Fase 2. Rilassamento.

Prima di iniziare la visualizzazione, dedica del tempo alla meditazione o al rilassamento per calmare la mente e aprire il canale della creatività. Respira profondamente, lasciando andare le preoccupazioni e le tensioni. Concentrati sul momento presente, portando l'attenzione sul respiro e lasciando che la mente si liberi da pensieri ansiosi o distrattivi. Dedica qualche minuto a questa pratica per prepararti mentalmente alla visualizzazione.

Fase 3. Creazione della visione dell'obiettivo.

Chiudi gli occhi e inizia a visualizzare il tuo obiettivo in modo chiaro e dettagliato. Chiediti cosa desideri raggiungere e come ti sentirai quando avrai raggiunto il successo. Immagina te stesso raggiungere l'obiettivo in modo vivido e coinvolgente. Concentrati sui dettagli sensoriali, come i suoni, i colori e le emozioni associate al raggiungimento del tuo obiettivo. Immagina anche le azioni concrete che stai compiendo per raggiungere il tuo obiettivo, facendo attenzione ai dettagli di ogni passo del processo.

Fase 4. Coinvolgimento dei sensi.

Lascia che tutti i tuoi sensi partecipino a questa esperienza immaginata, rendendola il più reale e tangibile possibile. Immagina di trovarti nel luogo in cui desideri essere, di sentire gli odori e i suoni che ti circondano, e di percepire le emozioni positive associate al raggiungimento dell'obiettivo. Fai in modo che la visualizzazione sia coinvolgente e coinvolgi tutti i tuoi sensi per rendere l'esperienza più intensa e significativa.

Fase 5. Prendi atto delle emozioni positive.

Durante la visualizzazione, presta attenzione alle emozioni positive che provi. Sfrutta queste emozioni come motivazione e ispirazione per agire nella realtà. Immagina te stesso provare gioia, soddisfazione e gratitudine mentre raggiungi il tuo obiettivo. Le emozioni positive sono un potente motore che ti spingerà ad agire e a perseguire il tuo obiettivo con determinazione.

Fase 6. Conclusione e pratica quotidiana.

Quando hai terminato la visualizzazione, riapri gli occhi e torna alla consapevolezza del presente. Prendi nota di ciò che hai visto e sentito durante la visualizzazione e annota le emozioni positive che hai provato.

Mantieni questa pratica di visualizzazione per almeno dieci/quindici minuti al giorno, preferibilmente al mattino o alla sera, quando la tua mente è più recettiva. Ripeti questo esercizio quotidianamente per almeno trenta giorni per ottenere i migliori risultati.

Più ti immergerai nel futuro desiderato attraverso la visualizzazione, più quel sogno prenderà forza e diventerà la tua bussola nella realtà quotidiana.

Esercizio: visualizza il Tuo Futuro Desiderato.

La pratica di visualizzazione che ti ho appena spiegato è un potente strumento per dare forma ai tuoi sogni e per creare una connessione profonda con ciò che desideri raggiungere. Prendi nota di tutto ciò che hai vissuto durante questa pratica, perché le tue emozioni e sensazioni possono guidarti verso la realizzazione del tuo futuro desiderato.

È importante che tu scriva adesso ciò che hai visualizzato o sentito.

Ti lascio un pò di spazio qui sotto, così puoi scrivere immaginando di condividere con me i tuoi sogni. Ti meriti tutto.

1.   Qual è il tuo futuro desiderato?

....
....
....
....
....
....
....
....
....
....

2.   Chi c'è insieme a te?

....
....
....
....
....
....
....
....
....
....

3. Quali emozioni provi mentre vivi questo momento?

Ogni emozione è una chiave per la tua motivazione. Fai tesoro di queste sensazioni come un carburante per agire nella realtà e avvicinarti sempre più al tuo obiettivo.

....
....
....
....
....
....
....
....
....
....
....
....
....

Errori comuni da evitare durante la visualizzazione

Durante la pratica della visualizzazione, è importante evitare alcuni errori comuni che potrebbero compromettere i risultati.

In primo luogo, evita di visualizzare solo il risultato finale senza considerare le azioni concrete che devi compiere per raggiungerlo. La visualizzazione da sola non è sufficiente, devi agire nella realtà per ottenere i risultati desiderati.

Inoltre, evita di visualizzare solo una volta e aspettarti risultati immediati. La visualizzazione è una pratica che richiede costanza e perseveranza. Ripeti la visualizzazione quotidianamente per almeno 30 giorni per vedere i risultati tangibili.

Infine, evita di visualizzare in modo passivo. Sii attivo durante la visualizzazione, immaginando te stesso compiere azioni concrete e sentendo le emozioni positive associate al successo.

Nota bene. La visualizzazione e il pensiero positivo sono concetti distinti, sebbene siano spesso correlati.
La visualizzazione riguarda l'atto di immaginare vividamente una situazione, un risultato o un obiettivo desiderato nella tua mente. Questa pratica può essere utile nel creare una sorta di "immagine mentale" di ciò che vuoi ottenere. Tuttavia, la visualizzazione da sola non è sufficiente per raggiungere i tuoi obiettivi.

Il pensiero positivo invece, come concetto pratico, è diventato popolare tra gli anni '90 e i primi anni 2000 quando scrittori e conferenzieri come Norman Vincent Peale con il suo libro "The Power of Positive Thinking" (Il potere del pensiero positivo) e Rhonda Byrne con il libro "The Secret" (Il Segreto) hanno contribuito ad aumentare l'attenzione sul potere del pensiero positivo nel raggiungimento del successo, del benessere e del raggiungimento degli obiettivi.

Da allora, il pensiero positivo è stato un tema ampiamente dibattuto e discusso in vari campi, tra cui la psicologia, la motivazione, la crescita personale e la spiritualità.

Tuttavia, è importante notare che il pensiero positivo deve essere considerato in modo equilibrato, in quanto non può risolvere tutti i problemi o le sfide eccessivamente complesse. È uno strumento utile quando usato in congiunzione con azioni concrete e strategie realistiche.

Chi adotta un pensiero eccessivamente positivo tende infatti a sottovalutare la vera entità delle sfide che deve affrontare, oppure, al contrario, sovrastima le sue abilità e risorse personali; ciò alla fine si riflette in sentimenti di frustrazione e delusione.

Un aneddoto che viene spesso citato sulla visualizzazione è quello su Jim Carrey, famoso attore e comico. Prima di diventare famoso, Carrey scrisse un assegno a sé stesso per 10 milioni di dollari, datato dieci anni dopo. Ogni giorno, visualizzava se stesso come un attore di successo, immaginando di ricevere assegni enormi per i suoi film. Dopo dieci anni, Carrey firmò un contratto per il film "Ace Ventura" che gli valse esattamente 10 milioni di dollari.

Tuttavia, è importante notare che il successo di Jim Carrey non è stato semplicemente il risultato della visualizzazione da sola; è stato supportato dal suo talento, impegno, lavoro duro e opportunità che ha saputo sfruttare. La storia di Carrey dimostra come una mentalità positiva e la focalizzazione sugli obiettivi possano aiutare a mantenere una prospettiva ottimistica e a lavorare duramente per realizzare i sogni.

La visualizzazione è uno degli strumenti potenti che può aiutarci a raggiungere i nostri obiettivi e realizzare i nostri sogni. Attraverso la visualizzazione, creiamo una connessione tra la nostra mente e il nostro corpo, che ci spinge a prendere azioni concrete per raggiungere ciò che desideriamo.

Dalla fantasia alla realtà

Non si è mai troppo vecchi per definire
un nuovo obiettivo o realizzare un nuovo sogno.
C. S. Lewis

Adesso è arrivato il momento di tornare alla realtà e fare di tutto per rendere vero il tuo sogno. Dopo aver visualizzato il tuo sogno sei pronto per definire e realizzare i tuoi obiettivi.

Che cos'è un obiettivo?
Un obiettivo è una dichiarazione chiara e misurabile di ciò che desideriamo raggiungere. È un faro che ci guida nel nostro percorso di realizzazione personale.

Tuttavia, definire un obiettivo non ne garantisce la realizzazione, basti pensare ai buoni propositi di inizio anno!

A volte accade che per paura o per poca fiducia nelle nostre risorse ci prefiggiamo obiettivi poco stimolanti. Altre volte invece pensiamo agli obiettivi come a qualcosa di magico e irrealizzabile. In entrambi i casi succederà che quegli obiettivi non verranno mai raggiunti e finiranno per essere dimenticati.

Ecco perchè all'inizio di questo viaggio ti ho parlato della gratitudine.
Prima di immergerci nella definizione e nella pianificazione dei nostri obiettivi, è importante apprezzare ciò che già abbiamo nella nostra vita. Spesso tendiamo a concentrarci su ciò che ci manca invece di apprezzare le risorse, le relazioni e le opportunità che già ci circondano. La gratitudine ci aiuta a creare una mentalità positiva e a riconoscere il valore delle nostre esperienze attuali.

Il primo passo è quindi diventare esperti nella gratitudine e successivamente definire obiettivi che siano in linea con i nostri valori, con ciò che per noi è veramente importante.

Questo è talmente importante che nella mia Accademia dedico più di una sessione alla definizione dei tuoi valori. Se tu fossi qui davanti a me userei l'ipnosi per aiutarti a focalizzare ciò che è veramente importante per te.

In queste pagine, non vedendoti dal vivo, devo prendere un'altra strada. Per definire obiettivi che ti porteranno felicità e soddisfazione, devi riflettere su ciò che rende la tua vita significativa. Ciò può variare da persona a persona, ma spesso coinvolge elementi come le relazioni significative, il contributo alla società, la crescita personale, il benessere fisico e mentale, la realizzazione delle passioni e la connessione con qualcosa di più grande di noi. Identificare ciò che dà valore e significato alla nostra vita ci aiuta a concentrare i nostri obiettivi in modo più mirato e soddisfacente.

I valori sono principi o credenze fondamentali che guidano e influenzano il comportamento, le decisioni e le scelte di un individuo o di una collettività. Sono concetti astratti che rappresentano ciò che una persona considera importante, significativo e dignitoso nella vita. I valori sono fondamentali per la formazione dell'identità, della cultura e delle azioni di una persona o di un gruppo.

I valori possono variare da persona a persona, da cultura a cultura e da società a società, ma spesso rappresentano ideali universali come onestà, rispetto, giustizia, responsabilità, altruismo, libertà, dignità umana e molti altri. I valori possono essere influenzati da fattori come l'ambiente familiare, l'istruzione, l'esperienza personale, le influenze culturali e religiose.

Ecco alcune caratteristiche chiave dei valori:

Stabilità. I valori tendono a essere relativamente stabili nel tempo. Possono evolvere leggermente con l'esperienza e la crescita personale, ma in genere rimangono radicati nel carattere di una persona.

Guida delle Decisioni. I valori agiscono come guida per prendere decisioni e stabilire priorità. Le persone tendono a scegliere opzioni e agire in modi che sono in linea con i loro valori.

Forza Motivazionale. I valori possono essere una fonte di motivazione intrinseca. Gli individui spesso si impegnano con passione in attività o cause che rispecchiano i loro valori.

Coerenza. I valori tendono a creare un senso di coerenza nella vita di una persona. Quando le azioni e le decisioni sono allineate con i valori personali, si può sperimentare una maggiore coerenza e benessere.

In generale, i valori svolgono un ruolo cruciale nel modellare l'identità, l'etica e la visione del mondo di un individuo o di una società, influenzando il modo in cui le persone interagiscono con gli altri e con l'ambiente circostante.

Quindi scrivimi qui sotto: cosa rende significativa la tua vita? Cosa conta davvero per te?

....
....
....
....
....
....
....
....
....
....

Ripensa all'ultimo anno passato e scrivi almeno 5 eventi o esperienze che hanno dato significato alla tua vita. Ciò che è significativo per te si ricollega ai tuoi valori. I tuoi obiettivi dovranno essere in linea con ciò che è significativo per te.

1...
....
....

2...
....
....

3...
....
....

4...
....
....

5...
....
....

Se non sai cosa veramente è importante per te, non saprai nemmeno per cosa vale la pena lottare. I valori ti aiutano a costruire una vita ricca di significato.

Dovremmo goderci il processo di lavoro verso i nostri obiettivi, imparare dalle sfide che incontriamo lungo la strada e apprezzare i piccoli successi lungo il percorso. La felicità non è solo nella destinazione finale, ma anche nel cammino che intraprendiamo per raggiungerla.

Ora sei finalmente pronto per scrivere i tuoi obiettivi.

L'importanza degli obiettivi

*Un obiettivo dovrebbe spaventarti un pò
ed emozionarti molto.*

Avere obiettivi chiari e pianificare attentamente il tuo percorso sono due elementi fondamentali per realizzare i tuoi sogni. In questo capitolo esploreremo alcune strategie per raggiungere il successo attraverso la pianificazione degli obiettivi. Scoprirai come identificare i tuoi obiettivi, creare un piano d'azione e rimanere motivato lungo il percorso.

Gli obiettivi sono come mappe che ci guidano verso il successo. Quando abbiamo un obiettivo chiaro in mente, siamo più propensi a prendere decisioni e intraprendere azioni che ci avvicinano alla sua realizzazione. Gli obiettivi ci danno una direzione e un senso di scopo nella vita.

Identificazione degli obiettivi.

Il primo passo per raggiungere il successo è identificare i tuoi obiettivi. Chiediti cosa desideri davvero nella vita. Cosa ti renderebbe davvero felice? Cosa vorresti raggiungere a livello personale, professionale, finanziario o relazionale? Scrivi tutti i tuoi obiettivi senza limitarti. Sogna in grande e non avere paura di puntare in alto.

....
....
....
....
....
....
....
....
....
....

Pianificazione degli obiettivi. Una volta che hai identificato i tuoi obiettivi, è importante creare un piano d'azione per realizzarli. Scomponi ogni obiettivo in piccoli passi che ti aiuteranno a raggiungerlo. Pianifica le azioni specifiche che devi intraprendere, le risorse che ti servono e le scadenze da rispettare. Sii realistico nelle tue aspettative e considera anche i possibili ostacoli lungo il percorso.

Motivazione e persistenza. Raggiungere gli obiettivi richiede impegno e determinazione. Ci saranno momenti in cui potresti sentirsi demotivato o incontrare difficoltà lungo il percorso. È importante rimanere focalizzato e persistere nonostante le sfide. Trova modi per mantenere alta la tua motivazione, come riconoscere i tuoi progressi, celebrare anche i piccoli passi, cercare il supporto di persone fidate o visualizzare il tuo obiettivo attraverso immagini o citazioni ispiratrici.

Revisione e adattamento. Gli obiettivi non sono fissi e immutabili. È importante periodicamente riesaminare i tuoi obiettivi e valutare se sono ancora rilevanti o se necessitano di adattamenti. La vita è in continua evoluzione e i tuoi obiettivi dovrebbero adattarsi di conseguenza. Sii flessibile nel tuo approccio e pronta a modificare il tuo piano d'azione se necessario.

Celebra i successi. Lungo il percorso verso il raggiungimento dei tuoi obiettivi, è importante celebrare i successi. Riconoscere i tuoi progressi ti darà una spinta di motivazione e ti renderà consapevole dei risultati che hai ottenuto. Festeggia ogni piccola vittoria e prenditi del tempo per goderti i risultati che hai ottenuto. Questo ti darà l'energia necessaria per continuare ad andare avanti.

Metodi per raggiungere gli obiettivi.
Ci sono vari metodi e approcci che puoi utilizzare per raggiungere i tuoi obiettivi. Uno dei più popolari è il metodo SMART, acronimo che sta per Specifico, Misurabile, Raggiungibile (achievable), Realistico e Tempestivo/con una scadenza (Timely). Questo metodo ti aiuta a definire gli obiettivi in modo chiaro e concreto, consentendoti di creare un piano d'azione efficace.

Ti confesso che questo metodo non l'ho mai trovato utile per realizzare i miei obiettivi! Ora ti spiego un'altra tecnica che uso ormai da anni e che mi aiuta a scrivere un piano di azione concreto e che aiuta anche i miei clienti.

Viene chiamata la tecnica dello scalatore e nel prossimo paragrafo ti spiego come funziona.

La tecnica dello scalatore

La tecnica dello scalatore è una metafora potente e ispiratrice per scrivere un piano di azione finalizzato al raggiungimento dei propri obiettivi. Immagina te stesso come uno scalatore che si prepara per affrontare una montagna imponente e ambiziosa. La montagna rappresenta il tuo obiettivo, mentre tu sei l'audace scalatore pronto a intraprendere il viaggio verso la vetta del successo.

Tuttavia, per trovare la strada migliore, si parte dalla fine e si procede all'indietro. In altre parole, si inizia visualizzando l'obiettivo finale e poi si torna indietro nel tempo per identificare gli step intermedi necessari per raggiungerlo. Ora ti spiego esattamente come funziona, anche se ti avviso: è più facile a farsi che a dirsi!

Come applicare la tecnica dello scalatore.

1. Definisci l'Obiettivo Finale. Inizia immaginando l'obiettivo finale che desideri raggiungere. Questo rappresenta la "vetta" della tua meta, il punto in cui vuoi arrivare. Chiediti: "A quale traguardo voglio giungere?".

2. Identifica il Passo Precedente. Ora chiediti quale sarebbe stato il passo immediatamente precedente al raggiungimento dell'obiettivo finale. In pratica, dove ti troveresti subito prima di raggiungere la vetta? Immagina di aver appena completato il passo finale per giungere alla tua meta.

3. Procedi a Ritroso. Continua a chiederti qual è il passo precedente al passo precedente e così via, tornando indietro nel tempo. Immagina gli step intermedi uno dopo l'altro, chiedendoti sempre cosa dovresti aver completato prima per raggiungere il passo successivo.

4. Arriva al Presente. Continua a ripercorrere il percorso fino a quando arrivi al punto di partenza, ovvero il presente. In questo modo, hai individuato una sequenza di passi che ti porteranno progressivamente verso l'obiettivo finale.

Questa tecnica permette di pianificare il percorso in modo strategico e chiaro, identificando gli step chiave necessari per raggiungere l'obiettivo. Partendo dal futuro e procedendo a ritroso, avrai una guida dettagliata su cosa fare in ogni fase del tuo cammino.

Ricorda che durante il viaggio potresti incontrare sfide o opportunità impreviste, quindi sii flessibile e pronto ad adattare il piano di azione di conseguenza. Con costanza, determinazione e una chiara visione dell'obiettivo finale, sarai in grado di affrontare ogni passo del percorso verso il successo.

Facciamo un esempio su un obiettivo.

Mettiamo che il mio obiettivo sia quello di aprire una scuola di Coaching entro un anno.
Riprendo le fasi scritte sopra semplificando le azioni da compiere.

Obiettivo: Aprire e avviare con successo una Scuola di Coaching entro un anno.

1. Definisci la Cima.
L'obiettivo finale è aprire e avviare con successo una Scuola di Coaching entro un anno. La "vetta" da conquistare è avere una scuola completamente operativa, con studenti iscritti e programmi di coaching ben avviati.

2. Identifica il Passo Precedente.
Immaginiamo il passo immediatamente precedente all'apertura della scuola. Potrebbe essere ottenere tutte le autorizzazioni e le licenze necessarie per l'attività di istruzione e coaching.

3. Procedi a Ritroso.

Continuando a chiederci quale sarebbe il passo precedente al passo precedente, possiamo identificare i passi necessari:

A. Acquisire una sede adeguata per la scuola, che potrebbe includere la ricerca di locali adatti e la negoziazione di contratti di locazione.
Qual è il passo precedente a questo?

B. Promuovere e fare marketing della scuola per attirare potenziali studenti e clienti.

Qual è il passo precedente a questo?

C. Creare un piano finanziario solido per coprire i costi di avvio e le spese iniziali.

Qual è il passo precedente a questo?

D. Identificare e selezionare coach esperti e professionisti del settore per sviluppare il curriculum e i programmi di studio.

4. Arriva al Presente.
Prosegui così fino a quando arrivi alla situazione in cui ti trovi oggi dove magari devi definire la visione e i valori che guideranno tutte le tue decisioni future.

Seguendo la tecnica dello scalatore, possiamo pianificare in modo strategico l'apertura della nostra scuola di coaching entro un anno, rimanendo focalizzati e motivati durante il processo di realizzazione del nostro obiettivo.

Ora tocca a te!

Esercizio: La tecnica dello scalatore

1. Definisci la cima. Cosa deve accadere concretamente per farti dire che hai raggiunto il tuo obiettivo? (Questo sarà il decimo passo)

....
....
....
....
....
....
....
....
....
....

2. Identifica il passo precedente. Cosa deve accadere un passo prima di aver raggiunto il tuo obiettivo? (Questo sarà il nono passo)

....
....
....
....
....

3. Procedi a Ritroso...

Cosa deve accadere un passo prima di questo? (Questo sarà l'ottavo passo)

....
....
....

Cosa deve accadere un passo prima di questo? (Questo sarà il settimo passo)

....

....

....

Cosa deve accadere un passo prima di questo? (Questo sarà il sesto passo)

....

....

....

Cosa deve accadere un passo prima di questo? (Questo sarà il quinto passo)

....

....

....

Cosa deve accadere un passo prima di questo? (Questo sarà il quarto passo)

....

....

....

Cosa deve accadere un passo prima di questo? (Questo sarà il terzo passo)

....

....

....

Cosa deve accadere un passo prima di questo? (Questo sarà il secondo passo)

....
....
....

4. Arriva al presente. Qual è quindi la prima azione concreta che devi fare a partire da domani per raggiungere il tuo obiettivo?

....
....
....

Collegati al sito www.valentinagaburro.it e ascolta "Ipnosi di primavera" dalla sezione "Ipnosi Potenti"

Disclaimer

È importante ricordare che la vita è imprevedibile e piena di sfide. Accettare il fatto che ci sono obiettivi che potrebbero non essere raggiunti, nonostante l'impegno, ci aiuta a mantenere una prospettiva realistica e ad affrontare le delusioni in modo più sano.

Essere preparati agli imprevisti e avere un piano alternativo (piano B) è una strategia saggia per affrontare situazioni difficili o fallimenti. Accettare che le cose possano non andare come immaginato ci rende più flessibili e in grado di adattarci alle sfide in modo più costruttivo.

Apprezzare le piccole gioie quotidiane e avere chiari i propri valori ci aiuta a dare un senso alla vita e a trovare felicità anche nelle situazioni più difficili. Concentrarsi sul viaggio, piuttosto che solo sull'obiettivo finale, ci consente di godere di ogni momento e di trarre gratificazione dalle esperienze che la vita ci offre.

Se dovessero verificarsi momenti difficili o una situazione in cui sembra impossibile andare avanti, ricorda che a volte fa bene anche arrendersi.
Prenditi del tempo per fermarti e recuperare energie.

A volte siamo messi alla prova non per mostrare le nostre debolezze, ma per scoprire i nostri punti di forza.

Ricorda che la felicità non è solo legata al raggiungimento degli obiettivi, ma sta nel modo in cui viviamo la nostra vita, nel valore che diamo alle esperienze e nelle relazioni che coltiviamo lungo il percorso.

La felicità sta nel viaggio.

Lettera al futuro

Siamo giunti quasi al termine di questo straordinario viaggio. È stato un percorso ricco di emozioni, scoperte e crescita personale. Prima di concludere, vorrei condividere con te un esercizio che mi è piaciuto molto quando l'ho sperimentato sulla mia pelle. Come ormai avrai capito, ti propongo solo esercizi che funzionano e che ho provato in prima persona.

Oggi ho il piacere di chiederti di scrivere una lettera al tuo Io del futuro! Siediti, prendi carta e penna e metti per iscritto ciò che vorresti sentirti dire esattamente tra un anno a partire da oggi.
Chi sei diventato? Che traguardi hai raggiunto? Quali sfide hai superato? È un'occasione per immaginare il te futuro con una prospettiva ancora più chiara. Puoi esprimere i tuoi desideri, le tue ambizioni, le speranze che nutri e gli insegnamenti che hai acquisito fino a oggi. Non c'è giusto o sbagliato, solo il tuo cuore sincero che parla.

Ma non finisce qui.

Quando avrai scritto questa lettera, ti chiedo di compiere un passo ulteriore. Inviala a te stesso tramite posta elettronica, ma con un piccolo accorgimento: programmala per essere recapitata esattamente tra un anno. Questo gesto ha un significato profondo.
È un messaggio che ti stai inviando da oggi al te futuro, con tutta la saggezza e la compassione che hai accumulato durante questo viaggio insieme.

Immagina il momento in cui riceverai quella e-mail tra un anno. Immagina l'emozione di leggere le tue stesse parole, scritte con sincerità e affetto. È un modo di connettersi con la continuità del tempo e con la propria evoluzione.

Ricorda sempre che sei un creatore della tua storia, un viaggiatore curioso nel vasto mondo dell'esistenza. Le sfide che incontri sono pietre miliari lungo il cammino, e le vittorie sono celebrazioni della tua forza interiore.

Ora è il momento di scrivere la tua lettera al futuro, di lasciare una traccia di te stesso in quel mondo che verrà. Che questa lettera sia un faro di luce nella tua vita, che ti guida e ti ispira a continuare a esplorare, a crescere e a condividere la tua unica storia con il mondo intero.

Io sono grata di essere la tua Testimone di Viaggio.

SEZIONE V

Il mio approccio svelato: cinque caratteristiche cardine.

Ogni mia azione, ogni mio gesto, ogni mio sguardo, ogni mia parola e ogni mio silenzio, hanno uno scopo e un significato ben preciso. Niente è lasciato al caso, tutto ciò che ti appare casuale in realtà è ben pianificato.

"Non si può non comunicare" è uno dei principi fondamentali della teoria della comunicazione, introdotto dallo psicologo e teorico della comunicazione Paul Watzlawick. Questa citazione sottolinea il concetto che ogni comportamento umano, anche il silenzio, trasmette un messaggio e ha un impatto sulla comunicazione tra le persone. In altre parole, anche quando non parliamo o cerchiamo di evitare la comunicazione, stiamo ancora comunicando qualcosa attraverso il nostro comportamento, il linguaggio del corpo, l'espressione facciale e così via.

È cruciale comprendere che il nostro comportamento e le nostre azioni possono essere interpretati dagli altri e influenzare la percezione che hanno di noi. Pertanto, per avere relazioni efficaci e comunicare in modo chiaro, è importante considerare come le nostre azioni e il nostro comportamento possono essere interpretati dagli altri, anche quando non stiamo comunicando esplicitamente con le parole.

Un elemento cruciale del mio approccio coinvolge l'osservazione attenta del non verbale. Oltre alle parole che utilizziamo per comunicare, ci sono molte informazioni preziose che possiamo raccogliere quando interagiamo con un'altra persona.

Fin dal primo scambio di parole, presto attenzione al tuo linguaggio del corpo, osservo i tuoi gesti, la postura, gli sguardi e altri segnali non verbali. Questo mi permette di cogliere dettagli che potrebbero non emergere attraverso le tue parole, svelando una ricchezza di informazioni sul tuo stato emotivo e sul tuo benessere complessivo.

L'osservazione del non verbale mi aiuta a creare una connessione più profonda con te e a comprendere meglio le tue esperienze. Attraverso queste osservazioni, posso offrirti un supporto mirato, personalizzato e sensibile alle tue esigenze. Ciò mi consente di adattare le mie risposte e le mie strategie, rispettando i tuoi segnali e le tue peculiarità individuali.

Questo approccio sottolinea l'importanza di essere consapevoli delle nostre espressioni facciali, dei nostri gesti e delle nostre posture, poiché questi possono riflettere le nostre emozioni e influenzare le nostre interazioni con gli altri.
L'obiettivo non è solo interpretare il tuo linguaggio non verbale, ma anche aiutarti a sviluppare una maggiore consapevolezza di come il tuo corpo comunica e impatta sulla tua vita quotidiana.

L'osservazione del tuo non verbale mi permette di individuare eventuali incongruenze tra ciò che dici e ciò che il tuo corpo esprime. Questo può aiutarmi a porre domande mirate, a esplorare aspetti che potresti non essere consapevole di condividere verbalmente e a guidarti verso una maggiore comprensione di te stesso.

La mia attenta osservazione del non verbale viene esercitata con rispetto e sensibilità, rispettando la tua privacy e il tuo spazio personale. Credo profondamente che la comunicazione non verbale sia un aspetto prezioso dell'esperienza umana, e attraverso il mio approccio mirato, posso aiutarti a sviluppare una maggiore consapevolezza e padronanza del tuo linguaggio del corpo.

Attraverso l'osservazione del non verbale, creiamo uno spazio di comunicazione più ampio e completo, in cui il tuo corpo diventa un alleato nella nostra interazione. Questo processo sottolinea l'importanza di un approccio olistico, che considera non solo le tue parole, ma anche le tue espressioni non verbali, per una comprensione più completa e accurata della tua esperienza.

Lo sguardo.

Un altro aspetto distintivo del mio approccio è lo sguardo. Questo significa che non solo ti offro uno spazio sicuro per esprimerti, ma ti accolgo in modo aperto e rispettoso. Questo sguardo empatico crea un ambiente di fiducia e connessione, che favorisce una comunicazione autentica e profonda.

L'accoglienza con lo sguardo va oltre le parole. Quando ci incontriamo, non sarai solo ascoltato attentamente, ma anche "visto con cura". Il mio sguardo rivela il mio sincero interesse per te e il mio impegno nel comprendere appieno la tua esperienza. Questo sguardo accogliente è un'offerta di sostegno e comprensione senza giudizio.

L'uso sapiente del non verbale crea uno spazio sicuro in cui puoi condividere liberamente i tuoi pensieri, le tue emozioni, i tuoi sogni e le tue paure. Non importa quali siano le tue esperienze o i tuoi segreti, ti offro un ambiente privo di pregiudizi e di paura. Puoi essere te stesso, senza timore di essere giudicato o respinto.

A volte ti guarderò in modo diretto, altre volte ti sembrerà che i miei occhi vaghino a caso intorno alla tua figura...Bene, ora sai che ogni mio gesto, ogni mio sguardo, ogni mio movimento, è attentamente studiato.

Osservo le sfumature del tuo linguaggio non verbale, le micro-espressioni che attraversano il tuo viso e le tensioni o i movimenti sottili che possono rivelare emozioni nascoste. Questa attenzione al tuo essere nel suo insieme mi aiuta a connettermi con te in modo autentico e a comprendere le tue sfide in modo più completo.

Il mio è un invito al dialogo aperto e sincero. Mentre condividi le tue esperienze, le tue preoccupazioni e i tuoi desideri, il mio sguardo ti assicura di essere ascoltato e accolto senza giudizio.

Nei miei percorsi, individuali o di gruppo, online o in presenza, puoi sperimentare l'importanza e la bellezza di sentirti visto e compreso veramente. Voglio sostenerti e offrirti il supporto e la validazione di cui hai bisogno per esplorare, guarire e crescere.

Questo ti permette di abbassare le tue difese, aprirti alle tue vulnerabilità e rivelare il tuo vero sé. Insieme, possiamo affrontare le sfide con coraggio e affrontare le tue emozioni più profonde.

Il mio obiettivo è quello di farti sentire apprezzato come individuo unico e speciale nel nostro percorso di trasformazione.

La calma.

Un altro elemento distintivo del mio approccio è la capacità di non lasciarmi contagiare emotivamente durante le nostre interazioni. Questo significa che, nonostante le sfide emotive che potresti affrontare, rimango calma e ti offro un sostegno stabile e centrato.

Questa capacità è fondamentale per mantenere un ambiente sicuro e neutrale in cui possiamo esplorare le tue esperienze senza interferenze. Non reagisco alle tue emozioni intense con una risposta emotiva simile, ma rimango centrata e concentrata sul tuo benessere.

Questo non significa che non mi importi delle tue emozioni o che non le riconosca come valide. Al contrario, mi importa profondamente del tuo stato emotivo e delle sfide che stai affrontando. La mia tranquillità durante le nostre sessioni non deriva dall'insensibilità o dall'indifferenza, ma piuttosto da una consapevolezza di quanto sia importante mantenere uno spazio neutrale per consentirti di esprimerti liberamente e darti la possibilità di confessare l'inconfessabile.

La mia capacità di rimanere centrata e non contagiarmi emotivamente si basa sulla pratica e sull'autoregolazione. Ho sviluppato una consapevolezza delle mie emozioni e delle mie reazioni e ho imparato a gestirle in modo da non influenzare negativamente il nostro processo di lavoro insieme. Questo mi permette di fornirti un supporto stabile e non giudicante, indipendentemente dalle tue sfide emotive.

Rimango presente e attenta alle tue esigenze, senza far sì che le mie emozioni o il mio stato d'animo influiscano sulle tue esperienze. Questa capacità di distacco emotivo mi consente di offrirti una prospettiva oggettiva e di aiutarti a esplorare le tue emozioni senza sentirsi giudicato o influenzato.

Mantenere la mia calma emotiva durante le nostre sessioni promuove un ambiente di fiducia e di stabilità. Mi permette di rispondere alle tue esigenze in modo equilibrato e mirato, senza far sì che le mie emozioni personali distolgano l'attenzione dalla tua esperienza. La mia priorità è il tuo benessere e il tuo progresso, e mi impegno a fornirti uno spazio sicuro e protetto da influenze esterne.

Questa capacità di non lasciarmi contagiare emotivamente è una qualità che ho sviluppato attraverso l'esperienza e la pratica costante. Riconosco l'importanza di fornirti un ambiente stabile e privo di giudizi, in cui puoi esprimerti liberamente e con fiducia. La mia tranquillità interiore è un sostegno per te e ti consente di affrontare le tue sfide senza la preoccupazione di dover gestire anche le mie reazioni.

Ipnosi con trance e ipnosi senza trance: le differenze.

Alcune persone scelgono di lavorare con me perchè sono attratte dall'ipnosi. Ma che cos'è questa ipnosi?

L'ipnosi è uno stato di coscienza alterato caratterizzato da un alto grado di concentrazione, rilassamento e suggestionabilità. Durante un'ipnosi, una persona è più aperta e suscettibile alle suggestioni, che possono essere utilizzate a scopi terapeutici o di rilassamento, a seconda del contesto.

L'ipnosi viene spesso utilizzata in campo terapeutico per affrontare problemi come l'ansia, il controllo del dolore, la gestione dello stress, le fobie e altri disturbi mentali. La terapia ipnotica mira a sfruttare la suggestionabilità aumentata per promuovere cambiamenti positivi nella mente e nel comportamento del paziente.

È importante notare che l'ipnosi non è un controllo mentale completo o una perdita di coscienza. Le persone in stato di ipnosi conservano il loro libero arbitrio e non possono essere costrette a fare qualcosa contro la loro volontà o i loro principi morali.
L'efficacia dell'ipnosi varia da persona a persona e non tutti sono altamente ipnotizzabili.

Io utilizzo l'ipnosi con trance come uno strumento che aiuta a velocizzare il cambiamento, ma non è una magia che risolve o cancella i problemi.

A volte questo tipo di ipnosi potrebbe non rappresentare il percorso più rapido per risolvere determinati disturbi.

In questi (e altri) casi utilizzo **l'ipnosi senza trance** (così definita da Paul Watzlawick) che ho imparato direttamente dal Prof. Giorgio Nardone.

Questo tipo di ipnosi fa riferimento a un modo di comunicare che sfrutta sia il linguaggio verbale che il linguaggio del corpo per creare un forte stato di suggestione nella persona coinvolta, senza richiedere necessariamente un profondo stato di alterazione della coscienza.

In sostanza, si tratta di un metodo terapeutico che sfrutta la comunicazione suggestiva e persuasiva per ottenere risultati positivi, senza la necessità di indurre la persona a chiudere gli occhi o a sdraiarsi.

Tutto il processo avviene durante il dialogo con me e il paziente è perfettamente cosciente di tutto ciò che gli sta accadendo intorno.

Ora, ti chiedo: ti è mai capitato di essere così immerso nei tuoi pensieri da sembrare quasi assente o distratto, anche quando sei in mezzo a una conversazione? Ecco in quei momenti sei in uno stato di ipnosi senza trance.

Beh se ti è capitato durante un colloquio con me, ora sai cosa stava succedendo! Trucco svelato!

Non lo dico a nessuno!

Il segreto professionale è una parte fondamentale dell'etica professionale per molti professionisti della salute mentale, tra cui gli psicologi e gli psicoterapeuti. Questo principio ci impone loro l'obbligo di mantenere riservate tutte le informazioni confidenziali che riceviamo dai nostri pazienti o clienti durante le sessioni di terapia.

Il segreto professionale è concepito per garantire un ambiente sicuro e protetto in cui i pazienti si sentano liberi di esprimersi apertamente senza paura di giudizio o divulgazione delle informazioni personali. Questo crea una fiducia essenziale nella relazione terapeutica e favorisce un processo terapeutico efficace.

Posso rompere questo segreto solo in situazioni di pericolo imminente per la persona stessa o per altri. In generale, gli psicologi e gli psicoterapeuti sono impegnati a rispettare rigorosamente il segreto professionale e ad adottare misure adeguate per proteggere la privacy dei loro pazienti o clienti.

Al di là di questo chiarimento, ti sto dicendo questo perchè le persone che si affidano a me sanno di potermi dire qualunque cosa, anche la più inconfessabile. Io so accoglierla e custodirla senza giudizio.

La condivisione dei segreti rappresenta un aspetto essenziale del mio approccio. Riconosco che ognuno di noi può portare con sé segreti, preoccupazioni e pensieri intimi che possono pesare sulla nostra mente e sul nostro cuore. Nella mia pratica, offro uno spazio protetto e rispettoso in cui puoi condividere liberamente i tuoi segreti più profondi, sentendoti alleggerito e sostenuto nel farlo.

Mentre mi affido alla mia formazione e alla mia esperienza per gestire con professionalità e riservatezza ciò che mi viene confidato, riconosco anche l'importanza di restituire quel peso alleggerito a te.

Mi impegno a creare uno spazio in cui puoi condividere i tuoi segreti senza paura di essere giudicato o stigmatizzato.

La condivisione dei segreti è un atto di coraggio e fiducia reciproca. Quando apri il tuo cuore e condividi ciò che potresti aver tenuto nascosto per molto tempo, ti offro la mia piena attenzione e sostegno. Mi sforzo di ascoltare senza giudicare, offrendoti una prospettiva imparziale e rispettosa.

Puoi sentirti sollevato e liberato dal peso emotivo che i tuoi segreti possono aver portato con sé. Inoltre, fornisco uno spazio di riflessione e di esplorazione con cui puoi iniziare a guardare ai tuoi segreti da diverse prospettive e trovare nuove modalità di affrontarli.

La mia responsabilità è di gestire i segreti che mi sono stati confidati con il massimo rispetto e riservatezza. La tua privacy e la tua sicurezza sono prioritarie, e mi assicuro che ogni informazione condivisa rimanga confidenziale, a meno che tu non mi autorizzi diversamente o che ci siano preoccupazioni di sicurezza.

La condivisione dei segreti non si limita solo a me come professionista, ma coinvolge anche te. Sono consapevole che condividere i segreti può essere un peso emotivo, quindi lavoriamo insieme per esplorare i modi in cui puoi alleggerire il carico che porti con te. Attraverso strategie personalizzate, esercizi di consapevolezza e supporto continuo, ti offro un percorso che ti aiuta a elaborare, affrontare e trovare risorse per gestire i tuoi segreti in modo salutare e costruttivo.

La capacità di aprirti non è solo un atto di coraggio individuale, ma anche un'opportunità per sviluppare un legame più profondo e autentico. Nella nostra relazione professionale, mi onoro del tuo coraggio nel condividere i tuoi segreti con me. Attraverso questa condivisione, co-creiamo un ambiente in cui puoi sentirti supportato, compreso e accompagnato nel tuo percorso di crescita e di trasformazione.

La mancanza di giudizio è un principio fondamentale nel mio lavoro. Mi impegno a creare uno spazio in cui puoi sentirti libero di esplorare e rivelare i tuoi pensieri più oscuri e le tue paure più profonde. Non importa quanto siano terribili o imbarazzanti, ti assicuro che sarai accolto con empatia e comprensione.

La mia responsabilità è quella di accoglierti come sei, senza cercare di cambiarti o di imporre un giudizio su ciò che condividi, non importa quanto siano terribili o imbarazzanti le cose che decidi di condividere.

Ricorda che la mancanza di giudizio non significa che ignorerò o minimizzerò la gravità delle tue esperienze. Al contrario, mi impegno a comprendere e rispettare il significato che queste esperienze hanno per te. Attraverso un ascolto attento e una comunicazione efficace, ti aiuto a dare un senso alle tue esperienze e a trovare una via verso la guarigione e il benessere.

Il mio obiettivo è quello di creare uno spazio in cui puoi sentirti accettato e compreso, anche quando esplori le parti più oscure e inconfessabili di te stesso.

Voci dal Cuore

Benvenuto nell'ultima parte del mio libro, un capitolo speciale in cui le voci dei miei pazienti prendono il centro del palcoscenico. È con grande emozione e gratitudine che vi presento le testimonianze di coloro che ho avuto l'onore di accompagnare in questi oltre dieci anni di attività clinica.

Nella mia esperienza come psicoterapeuta, ho avuto il privilegio di conoscere persone straordinarie, ognuna con una storia unica e preziosa. Questo capitolo è dedicato a loro e al racconto della storia vissuta.

Ogni incontro è stato ed è un'avventura condivisa, una danza delicata in cui due anime si incontrano sulla via della trasformazione e del cambiamento. Leggendo queste testimonianze, avrete l'opportunità di immergervi nelle profonde trasformazioni che hanno sperimentato, nelle scoperte sorprendenti su di sé e nelle sfide che hanno affrontato con coraggio e determinazione.

Nel corso di queste pagine, scoprirete anche i tratti distintivi del mio approccio alla psicoterapia e come esso si è dimostrato efficace per i miei clienti. Non esiste un unico metodo per affrontare le complessità dell'animo, ma ho sempre creduto nella potenza dell'essere umano quando incontra un altro essere umano disposto a giocare in grande per costruire un ponte verso la guarigione o la rinascita.

Spero che queste testimonianze ti ispirino e ti permettano di cogliere l'essenza del viaggio trasformativo, in cui si aprono porte nascoste e si rivelano lati di sé spesso dimenticati o negati. I miei percorsi sono un cammino di crescita e scoperta, e ogni voce qui riportata è una testimonianza preziosa dell'importanza di prendersi cura della propria mente e del proprio cuore.

Ringrazio di cuore coloro che hanno scelto di condividere la loro esperienza in queste pagine, e spero che le loro parole risuonino in voi come hanno fatto nel mio cuore. Che questa raccolta sia una celebrazione dell'umanità, della resilienza e della speranza che ognuno di noi può trovare nel percorso di questo viaggio chiamato Vita.

Domande e risposte

Di seguito riporto le risposte che ho raccolto dalle persone con cui ho lavorato in questi ultimi anni e che mi hanno dato il permesso di pubblicazione.

Ogni riflessione rappresenta un tassello prezioso nell'affascinante mosaico della scoperta di sé. Queste testimonianze dimostrano il nostro potenziale illimitato di crescita e ci ispirano a continuare ad esplorare e abbracciare ogni aspetto del nostro essere.

Cosa hai scoperto su di te che prima non sapevi?

Luca: *"Che posso decidere di essere chi voglio e quando voglio"*

Sofia: *"Ho scoperto che anch'io posso sentirmi debole, spaventata, triste e confusa. Allo stesso tempo, mi sono scoperta coraggiosa e determinata. Sto ancora imparando ad essere paziente."*

Emma: *"Ho scoperto che sono molto più forte di quanto abbia mai creduto e che posso affrontare ogni cosa in modo indipendente, senza dover contare su un'altra persona."*

Chiara: *"Che bisogna avere fiducia."*

Marco: *"Che ho un buon istinto di sopravvivenza."*

Alessio: *"Ho scoperto che posso essere più forte delle problematiche che mi si sono presentate e che hanno cambiato la mia vita."*

Simone: *"Di poter plasmare il mio stato d'animo con la mente."*

Elena: *"Bastano alcune attenzioni per disinnescare schemi consolidati. Spesso siamo noi stessi a costruire queste barriere nel tempo."*

Davide: *"Che per ricevere valore e rispetto dagli altri, talvolta bisogna dare meno e essere sé stessi. Accettare i nostri stati è importante per comprenderli a fondo."*

Isabella: *"Che ho molte più qualità di quanto potessi immaginare."*

Cristina: *"Ho ritrovato la forza, la determinazione e l'entusiasmo nell'andare avanti."*

Pasquale: *"La capacità di essere paziente e resiliente".*

Elisa: *"Che ho poteri che non credevo di avere, e che i problemi esistenziali degli altri non devono ricadere sul mio stato d'animo".*

Carmine: *"Ho scoperto di riuscire a gestire ogni situazione senza andare più nel panico, non mi faccio più abbattere dagli imprevisti. Vedo, inoltre, il lato positivo di ogni cosa e non più quello negativo".*

Floriana: *"Che il passato è passato, devo andare avanti".*

Serena: *"Durante questo percorso è cominciata una lenta visione di me, è stato naturale e ancora tutt'ora in trasformazione, non ritengo sinceramente sia ancora finita, ritengo di essere solo all'inizio, ho definito schemi insani, e ho cominciato ad osservare situazioni, legami, blocchi. E poi a reagire, e successivamente a scegliere, cosa preferivo per me, per la persona che volevo diventare. Ripeto mi sento solo all'inizio e non finirò mai di pensare che lo consiglierei a chiunque e che Valentina era tutto ciò che mi serviva per farmi tornare in contatto con la mia parte sconosciuta e migliorarmi nel mio percorso. Infinitamente Grazie".*

Qual è stato lo strumento che ti è sembrato più utile o che hai usato di più?

Emma: *"Scrivere le mie paure su fogli e poi strapparli".*

Martina: *"Ripetermi di essere paziente e che tornerò come una volta".*

Laura: *"Scrivere".*

Elena: *"L'ipnosi della guarigione"*.

Federico: *"Tutti i metodi consigliatimi"*.

Giuliana: *"Le tue parole quando mi hai aperto gli occhi su ciò che non stavo vedendo"*.

Tommaso: *"La gestione dell'ansia attraverso l'amplificazione volontaria dei sintomi…"*.

Camilla: *"Scrivere, scrivere, scrivere"*.

Leonardo: *"Tutti gli esercizi"*.

Alice: *"La pratica tramite esercizi concreti e lo scrivere, mettere nero su bianco quanto avevo dentro, risultati, pensieri, ricordi, ecc. Capire i meccanismi dei risultati, la loro logica, non solo ottenerli"*.

Valeria: *"Scrivere. Alla fine del mio percorso ho dovuto scrivere delle lettere alle persone che secondo me avevano influito di più nella mia vita"*

Cosa diresti a chi sta pensando di fare un percorso di crescita ma ancora non riesce a fare il primo passo?

Alice: *"Questa esperienza abbatte molte delle paure che possiamo avere, si ottengono ottimi risultati lavorando su noi stessi, si impara a conoscersi in maniera più profonda e si scava all'interno del proprio io, trovando le soluzioni a moltissimi dei problemi che possono apparire come insormontabili".*

Alessio: *"Questo percorso dà alle persone l'opportunità di riprendere in mano la propria vita, di tornare ad essere padroni di sé stessi grazie alla parte pratica, agli esercizi assegnati ed alle conversazioni con l'esperta che, anch'esse, danno indubbiamente sfogo alle preoccupazioni e sono estremamente efficaci".*

Gabriele: *"Il fatto di aprirsi parlando e di svolgere questi esercizi è stata per me l'arma vincente per trovare finalmente il mio equilibrio".*

Valeria: *"Posso solo dirvi tentate, ne vale la pena".*

Giuliana: *"Da fare assolutamente".*

Laura: *"Che nella vita bisogna essere umili e fidarsi dell'aiuto degli altri".*

Elena: *"Percorso consigliatissimo ed altrettanto utile".*

Chiara: *"Non agire non cambia la situazione".*

Sofia: *"Lavorare su di sé non è mai facile: siamo i primi ad avere paura di noi stessi e delle conseguenze. Tuttavia tentare di aiutarsi è un atto che ci dovremmo concedere, per noi e per le persone che ci vogliono bene. Siamo boccioli, diamoci l'occasione di fiorire".*

Camilla: *"Chiedere aiuto non è una debolezza ma anzi, essere consapevole dei propri limiti è davvero espressione di maturità. Iniziare il prima possibile è anche un modo per affrontare il problema prima che diventi davvero grande".*

Federico: *"Di buttarsi che ne vale la pena, ti dà la giusta spinta per affrontare tutto".*

Immagina che tu stia scrivendo una lettera aperta a chiunque stia cercando di trovare forza, ispirazione e cambiamento nella propria vita. Cosa vorresti dire? Quali parole di saggezza condivideresti con loro?

Pasquale: *"Lasciati aiutare, non aver paura di aprirti e fidati cercando un professionista serio che ti ascolti e ti aiuti a tirare fuori quelle risorse che hai e che spesso credi di non avere o non riuscire più a trovare".*

Elisa: *"Inizia ad ascoltarti mentre parli, fai caso alle parole che usi, e se noti che queste sono negative, pessimistiche inizia a cambiarle con parole positive, ogni volta che di istinto ti viene una frase negativa cambiala subito con una positiva. Quando ti assale la paura o l'ansia guardala in faccia e digli "vieni pure tanto non ti temo, io sono più forte di te, come sei venuta te ne puoi anche riandare".*

Carmine: *"Il cambiamento si ottiene con la "volontà di fare" e la "capacità di cambiare", hai bisogno di entrambe: la volontà devi metterla tu, devi volere il cambiamento e la capacità te la darà una persona esterna, che ti sappia guidare a trovare te stesso e a sbloccare il tuo potenziale...una come la Dott.ssa Gaburro!"*

Se potessi condividere una lezione o un messaggio che hai imparato durante il nostro percorso con il mondo intero, quale sarebbe?

Pasquale: *"Farsi aiutare significa acquisire consapevolezza dei propri limiti per aprirsi nuove strade di speranza e libertà".*

Elisa: *"La paura guardata in faccia diventa coraggio".*

Carmine: *"Tu hai una grande luce dentro di te...E le persone come la Dott.ssa Gaburro, ti aiuteranno a togliere il buio che la copre, per insegnarti a splendere."*

Gabriele: *"Riuscire a farsi scorrere le cose addosso, proprio come l'acqua della corrente di un fiume che trovando nel suo percorso ostacoli li aggira cambiando la sua forma, ma rimanendo sempre se stessa"*

Se dovessi scegliere tre parole per descrivere l'effetto che il nostro percorso insieme ha avuto sulla tua vita, quali sceglieresti? Perchè?

Pasquale: *"Profondo, utile, costruttivo".*

Elisa: *"Sono più forte delle mie paure".*

Carmine: *"Sceglierei rinascita, leggerezza, felicità.*
Rinascita: ritrovare le mie capacità e i miei punti di forza, mi fa sentire una persona nuova ogni giorno.
Leggerezza: vivo la mia vita più serenamente, anche i momenti più ostici...Non mi faccio appesantire più del necessario.
Felicità: la somma delle due parole precedenti scatena la mia felicità, ogni giorno".

Floriana: *"Entusiasmo, coraggio e rinascita".*

Gabriele: *"Intenso, profondo e concreto".*

In che modo hai visto miglioramenti nei tuoi rapporti con gli altri, sia a livello personale che professionale, dopo aver lavorato insieme?

Pasquale: *"Ho imparato ad ascoltare e ad empatizzare di più con gli altri".*

Elisa: *"Si è aperto un mondo, una mattina ti svegli più sicura di te e niente di quello che pensano gli altri può ferirti come prima. È una liberazione".*

Carmine: *"Riesco a prendermi le mie responsabilità, senza strafare e senza fare meno, sono più convinto del mio operato e quindi non ho più paura che ciò che faccio non va bene, trasmettendo fiducia anche a chi mi sta intorno".*

Gabriele: *"Ora riesco ad avere sorrisi più spontanei, se ho occasione di parlare con un cliente lo faccio"*

Floriana: *"Non mi faccio più problemi e ho imparato a volermi bene".*

Ci sono situazioni o sfide che prima ti facevano sentire in difficoltà, ma che ora affronti con più sicurezza e consapevolezza? Puoi condividere un esempio di come hai gestito una di queste situazioni?

Elisa: *"Ogni luogo o cosa che mi creava ansia o panico adesso ha perso potenza, affronto tutto perché la paura non esiste ma la creo io, quindi IO HO POTERE PER FRONTEGGIARLA".*

Carmine: *"Di sicuro il matrimonio. Prima non ero affatto pronto per intraprendere una relazione così importante...ero troppo insicuro di me e di essere all'altezza di un tale impegno. Dopo aver terminato un percorso con la Dott.ssa Gaburro, ho conosciuto una ragazza meravigliosa, che diventerà mia moglie a breve e ho preso questa scelta in maniera molto calma e serena, quasi d'istinto direi...Perché ho visto innanzitutto il bello in Lei e il bello in Me e ho capito che eravamo fatti l'uno per l'altro...La mia insicurezza non ha avuto modo di impedire che ciò accada e sono orgoglioso della mia scelta!".*

Gabriele: *"Le prime volte che mi avventuravo da solo in un percorso di montagna non riuscivo a portarlo a termine, ero in allerta per i minimi rumori e mi facevo un sacco di pensieri. Ora invece riesco a concluderli e mi sento a mio agio".*

Come è cambiata la tua vita ora che il percorso si è concluso? Come immagini il tuo futuro ora che hai attraversato questa fase di crescita?

Alessio: *"È cambiata in meglio, perché sono tornato la persona serena che sono sempre stato con in più la consapevolezza che i brutti periodi ci sono ma passano se uno riesce ad aprire sé stesso".*

Valeria: *"Sono serena e tranquilla".*

Emma: *"Mi sento cresciuta. Sono riuscita a dare quasi tutti gli esami universitari (me ne manca solo uno per finire!!), sono andata a molti concerti, ho guidato in autostrada più di una volta* facendo tragitti lunghi. Riesco a percepire che sto tornando in 'me'. Sto tornando a vivere".

Giulia: "Mi sento più tranquilla e sicura di me stessa. Affronto ogni situazione in modo differente rispetto all'inizio del mio percorso, dato che so che posso gestire molte più cose che mi accadono e che riesco a farlo in modo autonomo".

Marco: "In meglio, in equilibrio".

Alessia: "Ho ritrovato stimoli giusti".

Matteo: "Propositivo per il mio futuro. Non ho più l'ansia di prima".

Isabella: "Sono più consapevole. Isabella ha ancora i suoi momenti oscuri! Tuttavia, ridotti rispetto a prima e più razionali: ne comprendo le cause, gli inneschi e gli effetti. Quando mi trovo nelle situazioni, comprendo come ci sono arrivata e cosa dovrei fare per disinnescarle (esempio: in famiglia o a lavoro). Mi sento quieta, meno in balia delle onde e di quella corsa infinita sul tapis roulant che non porta a niente. Se percepisco di perdere la rotta, aspetto, prendo tempo. O cerco la via di mezzo: tra il bianco ed il nero, ci sono sfumature importanti. E che, quando capita, posso sbagliare anche io".

Gabriele: "La mia vita adesso è più tranquilla. Riesco a fare cose che prima non avrei mai fatto".

Alice: "La mia vita è cambiata in meglio. Sono cresciuta e mi sento più donna".

Giada: "Sono tranquilla, con il cuore leggero e sicuro".

Stefano: "Proiettato oltre i miei limiti e grato per aver potuto conoscere meglio me stesso".

Giorgio: "Carico e pronto ad affrontare le nuove sfide e grato per il viaggio fatto con me stesso".

Filippo: "Come se ogni 'area' del mio cervello avesse trovato il giusto posto, come se nel mio cervello ci sia adesso dell'aria fresca, che ha spazzato via i pensieri inutili e tossici, mantenendo 'freschi' quelli utili e piacevoli".

Pasquale: *"Ora mi sento più sicuro e immagino un futuro più felice".*

Elisa: *"Ho imparato a gestire le mie paure e i pensieri errati, ho imparato a fronteggiare la paura e a farla indietreggiare e così togliergli il potere che aveva su di me".*

Carmine: *"Il mio futuro lo vedo come una continua fase di crescita e di scoperta di me stesso e continuerò così anche in vecchiaia...perché non si smette mai di imparare e di crescere".*

Gabriele: *"La mia qualità di vita è migliorata: mi sento più padrone di me stesso, riesco ad essere più produttivo, più socievole, ho dimenticato cosa significhi essere timidi. Nonostante abbia superato diverse sfide, so che la vita me ne creerà delle altre e io sarò pronto per affrontarle.*

Francesca: *"Ho iniziato a pensarmi come priorità, a volermi ascoltare e cercare di fare quello che IO voglio o desidero. NON devo essere a servizio di nessuno se non per mia volontà. Non è semplice visto che ho iniziato tardi ma questo percorso mi ha aiutato a mettermi al centro e dire (a volte) NO! Ho preso consapevolezza del mio valore come mamma, donna (ci devo lavorare ancora...) come imprenditrice. Non devo essere più una seconda scelta perchè io VALGO. Grazie Valentina!".*

Elena Castagna: *"È cambiato il mio modo di pensare, non mi focalizzo più sul brutto e sul pesante ma quando questo arriva cerco il bello nel brutto, il leggero nella pesantezza. Accolgo i miei difetti senza giudizio ma come parte di me senza i quali io non sarei io. Ho scoperto che siamo pieni di risorse che non sappiamo nemmeno di avere e in questo tipo di approccio psicologico esse vengono fuori, usando una metafora, come un fiore che cresce, sboccia, si colora e prende il suo posto nel mondo con eleganza senza fare rumore".*

Quale messaggio vuoi lasciare nel mondo?

Pasquale: *"Credi che quando tutto sembra nero c'è sempre un grande sogno blu nel tuo cielo"*

Elisa: *"Il sole sorge sempre anche se il cielo è coperto da nuvole. Si cade ma abbiamo la forza per poterci rialzare".*

Elena Castagna: *"La vita ti sorprende sempre!".*

Carmine: *"Non smettere mai di splendere...e nei momenti bui, trova qualcuno che ti aiuti a riaccenderti!".*

Gabriele: *"Anche il viaggio più lungo inizia con il primo passo".*

Floriana: *"Crederci sempre!"*

Storie di Ispirazione

La storia di Elisa.

Intrapresi un percorso psicoterapeutico che durò 4 anni per ansia e attacchi di panico, ma una volta finito, con il trascorrere del tempo mi accorsi che c'erano stati dei miglioramenti, ma il problema "concreto" si ripresentava facendomi capire che forse quel tipo di psicoterapia non aveva sciolto i nodi.

Per caso in libreria trovai un libro di Nardone, in cui spiegava il suo approccio e l'alta percentuale di casi risolti, da lì ne lessi altri e mi decisi di provare questo percorso. Ho trovato così la dottoressa Gaburro.

Al nostro primo incontro gli parlai dei miei problemi e lei mi spiegò cosa era la terapia breve strategica e che in circa dieci sedute avremmo risolto il problema.
Iniziammo subito con un esercizio da fare a casa. Seguii alla lettera ciò che mi era stato chiesto anche se la richiesta era "strana"…

Non c' era seduta dove io non rimanevo allibita di fronte alla spiegazione degli esercizi e su come "funzionavano" sulla mente. Questa è solo una sintesi del percorso, fatto sta che non ho più avuto attacchi di panico da quando mi disse cosa fare ogni volta che si presentavano e tutt'oggi quando sono più ansiosa per vari motivi mi ripeto la frase e niente più va oltre "il limite".

Passati anni da tutto questo mi è capitato un problema con una persona a me "vicina" che mi aveva portato a farmi troppe domande per cui non riuscivo a trovare né una risposta, né una soluzione.

Ho ritenuto necessario un consiglio dalla dottoressa ed esponendo la situazione e valutando ciò che percepivo io e ciò che era necessario al mio benessere mi ha fatto semplicemente un disegno su un foglietto che racchiudeva il tutto:

quell'unico colloquio e quel foglietto che ogni tanto riguardo perché me lo sono attaccato in bella vista, mi hanno cambiato la vita, tolto dalla mente gli "errati pensieri", così come l'angoscia e la paranoia che essi richiamavano.

La terapia breve strategica e di conseguenza la dottoressa Gaburro mi hanno aiutato molto e una frase che mi ripeto sempre come un mantra è: "la paura guardata in faccia diventa coraggio"! Grazie di cuore da me e dalla mia "Anima".

La storia di Carmine

Il mio percorso con la Dott.ssa Gaburro comincia quando ero un semplice studentello in preda a problemi di autostima che grazie a lei sono riuscito a risolvere, focalizzandomi sui miei punti di forza. Nel 2020 con il percorso "Dieci settimane per risplendere" ho approfondito lo strumento dell'autoipnosi, che tuttora uso trovandone giovamento. Grazie agli insegnamenti della Dott.ssa Gaburro affronto le vicissitudini della mia vita senza paura, sono riuscito a eliminare le persone tossiche, a migliorare la mia condizione lavorativa e ho trovato il vero amore...e non finirà qui. Con la Dott.ssa Gaburro non smetterò mai di splendere, perché basta che io lo voglia!

La storia di Maurizio Musetti: "Il secondo tempo".

Ciao, oggi voglio raccontarvi una bella storia, la mia storia, una piccola parte della mia vita, ma la più importante: il mio incontro con una Dottoressa che ha rivoluzionato la mia vita. Buona lettura.

La decisione.

Non sono più giovanissimo, ho 54 anni vissuti intensamente.Per molte persone, questa è un'età vicina alla pensione, un momento in cui si è appagati con lavoro, matrimonio, figli, amici e qualche hobby. Ma non era il mio caso. Dovevo ricostruire la mia vita da zero, ma come? Vivevo una vita che non sentivo mia, mi trascinavo tra un lavoro e l'altro, in una relazione tossica e un'altra che non mi soddisfaceva. Dovevo fare qualcosa, ma cosa? Mi sono reso conto di avere un grande problema: ero bloccato, spaventato, anzi, letteralmente terrorizzato. Mi sentivo vuoto, come un pugile all'angolo del ring con i pugni chiusi, incapace di reagire, cercando solo di difendermi dai colpi dell'avversario. Avevo un atteggiamento passivo, cercavo solo di limitare i danni per provare il minor dolore possibile. Non stavo vivendo, cercavo solo di sopravvivere.Una cosa mi era chiara: avevo bisogno di aiuto.

Il percorso.

Ricordo bene il primo appuntamento nello studio a Massa. Ero nervoso, non sapevo cosa aspettarmi, ma qualcosa dentro di me mi diceva che ero davvero nel posto giusto, con la persona giusta. Ed è così che ho letteralmente affidato la mia vita nelle sue mani. In quella seduta mi sono detto: "Ci siamo finalmente."

Avevo ben chiara l'idea di avere a che fare con una Dottoressa competente e non ero intimorito. Ho provato subito molto rispetto. Anche poche parole da parte sua erano molto efficaci e arrivavano dritte al centro del bersaglio. Sapevo che avrebbe dato il massimo per aiutarmi. Avevo a disposizione tutta la sua esperienza, i suoi lunghi e faticosi anni di studio, e non potevo fallire. Era la mia ultima possibilità.

Come vi dicevo prima, è stato un susseguirsi di emozioni: giorni negativi, giorni così così e giorni positivi. Ma avevo il mio obiettivo e dovevo raggiungerlo. Non sono stato un paziente facile. A volte sono testardo e orgoglioso, non mi piace perdere.

In quei momenti emergeva la parte di lei che mi rimproverava senza mezzi termini, sempre con discrezione, ma utilizzando sapientemente le parole. E io lo consideravo una sfida. A volte non sopportavo la sua capacità di leggere attraverso gli occhi e nell'anima. Era impossibile nasconderle qualcosa, e per fortuna non rispondeva se le scrivevo un messaggio sciocco. Ma in realtà, la sua risposta era: "Maurizio, cosa stai dicendo?" E io pensavo: "Va bene, ho sbagliato. Sto cercando una scorciatoia. Ricomincia da capo." Erano tutti insegnamenti e li apprezzo molto adesso.

Poi piano piano, la nebbia si è diradata. Il quotidiano è diventato più leggero. Parlavo in modo diverso, la mia mente ha iniziato a pensare senza essere schiava delle ansie e delle paure. Ho cominciato a vedere la luce, o meglio, ho cominciato a vedere me stesso nel presente e a lavorare per il futuro.

I pensieri negativi sono diventati sempre meno frequenti, fino a scomparire del tutto. Ho iniziato a rivedere il vero "io". E sai una cosa? Non me ne sono nemmeno accorto. È successo in modo naturale. Ho scoperto cose di me che non conoscevo, ho fatto cose incredibili con una facilità disarmante, come aprire un'azienda all'estero e farla crescere. Ma ciò che ancora non capisco è: come è potuto succedere in così poco tempo?

Non solo ho vinto le mie paure, imparando a conviverci come con un fedele compagno di vita, ma ho avuto persino la forza di costruire il mio futuro lavorativo e ho compreso il vero significato delle relazioni affettive. Ho elaborato la solitudine e ne ho compreso il vero significato. Tutto ciò in pochissimo tempo, il che rende tutto incredibile, forse magico. Questo percorso è stata la cosa migliore che potesse capitarmi nel momento peggiore della mia vita, il periodo più oscuro. Non avevo nulla, ora ho la forza di fare qualsiasi cosa.

Abbiamo affrontato anche altri temi, come la solitudine, le relazioni sentimentali, l'autoipnosi. Tutte cose che mi hanno trasformato in un uomo migliore, certo, ma soprattutto in un uomo consapevole delle sue risorse e dei suoi limiti.

Ho imparato che non è mai troppo tardi per cambiare. È necessario un grande coraggio, perché il cambiamento spaventa.

Ancora oggi mi commuove l'impegno avuto nel darmi una mano. Anche adesso che sto scrivendo, mi vengono in mente le immagini di me nello studio, con il mio quaderno. Capisco il duro lavoro che ha svolto.

Mi ha accompagnato, mi ha preso per mano fin dal primo giorno. Mentre io ero perso, lei sapeva benissimo cosa fare. È incredibile.

Avrei voglia di scrivere ancora tanto su questo percorso, mi sono affidato completamente a lei, e lo rifarei ancora.

Potrei concludere con molte frasi o aforismi sulla forza o sul coraggio, ma voglio concludere così, con un messaggio di augurio per tutti coloro che si trovano ad affrontare periodi bui.

Non disperate, abbiate il coraggio di chiedere aiuto. Se state leggendo queste parole, siete già sulla strada giusta. Lottate per la vostra vita, che è unica, sacra e magica. Rendetela unica e speciale. Inseguite i vostri sogni. Se l'ho fatto io, potete farlo anche voi.

Buona vita a tutti. E ogni giorno, ricordatevi di onorare la vita e di esserne grati.

La storia di Mirko.

Nel gennaio 2019, ho incontrato Valentina Gaburro quando stavo affrontando una crescente ossessione per la paura di cucinare cibi bruciati, temendo che potesse causare il cancro.

All'inizio, la mia ossessione era incontrollabile: ho iniziato a controllare in modo compulsivo ogni aspetto della preparazione dei cibi, scattando numerose foto. Impiegavo il triplo del tempo nel fare una semplice manovra, dovevo costantemente verificare se avevo fatto la cosa giusta, e quindi foto su foto, su foto!

Valentina ha lavorato con me per eliminare gradualmente le abitudini ossessive legate alla preparazione dei cibi. Ho iniziato ad apportare piccoli cambiamenti alla mia procedura di cucina per adattarla alle esigenze della mia mente in evoluzione.
Non me ne rendevo conto ma cominciavo a guarire.
Ero felice, perché capivo che forse ce l'avrei fatta! Da quel momento grazie alle sue indicazioni e alla mia forza di volontà, mi staccai una volta per tutte dalle mie insicurezze e paure, fino ad arrivare a quello che sono oggi, una persona che è tornata ad assaporare la vita, in tutte le sue forme!

Spero che queste testimonianze abbiano gettato i semi della trasformazione nella trama della tua vita.

Le parole di Pasquale, Elisa, Carmine, Gabriele, Francesca, Alice, Laura, Federico, Elena Castagna, Maurizio Musetti e di tutti gli altri rappresentano la dimostrazione tangibile di come la volontà, la determinazione e un'abile guida possano plasmare in modo significativo il corso delle esistenze.

Ognuno di loro ha percorso strade uniche, e lungo il cammino ha imparato preziose lezioni.

Quando le persone seguono il percorso che ho tracciato per loro, iniziano a verificarsi trasformazioni incredibili nelle loro vite: diventano imprenditori più performanti, aumentano l'autostima e la sicurezza, prendono decisioni più in linea con i propri desideri, le loro relazioni iniziano a migliorare, si sposano, trovano l'amore, diventano genitori migliori, vedono aumentare il loro saldo bancario, cambiano lavoro, si licenziano oppure ottengono un avanzamento di carriera, aumentano le vendite, si vedono più belle o belli, diventano più attraenti. Questi sono solo alcuni dei cambiamenti di cui ho potuto essere testimone e sono profondamente orgogliosa di aver contribuito al loro percorso di crescita e realizzazione.

Sembra quasi magia ma la loro vita è cambiata, perchè è cambiata la loro percezione, il loro modo di vedere la realtà. Queste trasformazioni sono possibili quando si inizia a esplorare il proprio mondo interiore.

Ecco perchè amo dire che il mio studio è un atelier dove la trasformazione prende forma e il cambiamento diventa un viaggio verso l'eccellenza.

Ricorda, la vita è un viaggio in costante evoluzione, e ciascuno di noi possiede il potenziale per crescere, imparare e trasformarsi.

Non smettere mai di cercare la luce anche nei momenti più bui perchè è proprio nel momento più oscuro che sorge il giorno.

Conclusione

Abbi fiducia che una fine
sia seguita da un inizio.

Eccoci arrivati alla fine di questo straordinario viaggio di scoperta e crescita. Per me è stato un onore accompagnarti fino a qui.
Mi sento grata di averti avuto come lettore e di essere stata Testimone della tua trasformazione. La tua presenza ha reso ogni pagina scritta ancora più significativa.

Spero che questo libro ti abbia ispirato, guidato e motivato a intraprendere il cammino verso il successo e la realizzazione personale. Voglio che tu sappia che il tuo potenziale è illimitato e che sei in grado di raggiungere tutto ciò che desideri.

Perché la tua trasformazione non finisca qui, voglio offrirti tre modi per rimanere in contatto con me. Per prima cosa, ti invito a iscriverti alla mia mailing list. Sarai destinatario di informazioni aggiornate, consigli pratici e risorse preziose direttamente nella tua casella di posta. Se desideri partecipare, ti invito ad accedere alle risorse esclusive e gratuite accessibili tramite la mia App, disponibile su App Store e Google Play.

Inoltre se hai apprezzato il viaggio che abbiamo condiviso attraverso queste pagine, fammelo sapere! Scrivimi una email a info@valentinagaburro.it sarà un piacere per me ricevere i tuoi feedback, i tuoi commenti e leggere le tue testimonianze sul valore che hai tratto dalla lettura di questo libro.

Infine, ti sfido a condividere la tua esperienza con il mondo. Scatta una foto con il libro tra le mani o fai una foto alla frase che ti ha colpito di più, condividila attraverso i tuoi canali social, utilizzando gli hashtag #valentinagaburro e #TuoNome. La foto più creativa e originale avrà la possibilità di vincere una sessione di ipnosi con me. Assicurati di taggarmi nella tua pubblicazione per garantire che io la veda e di avere il profilo aperto e pubblico.

In chiusura, ti esorto a non limitarti a leggere una sola volta queste pagine. Elabora le informazioni e metti in pratica gli esercizi, ricordando che la vera trasformazione si nutre di impegno costante. Anche io continuo a portare con me i libri che mi hanno ispirato e che risultano rilevanti per i miei obiettivi. Ti invito a fare altrettanto.

Ricorda sempre che sei il protagonista della tua storia e che possiedi il potere di plasmare il futuro secondo i tuoi desideri. Ti ringrazio per aver scelto di intraprendere questo percorso insieme a me. Prosegui nella tua crescita, nell'apprendimento e nell'inseguire i tuoi sogni con passione e determinazione.

Ti auguro di avere tutto il successo e la felicità che vuoi.

Con gratitudine e fiducia nel tuo percorso,
Valentina

Ringraziamenti

In questo momento di profonda gratitudine, desidero esprimere il mio riconoscimento a tutte le persone che hanno reso possibile la realizzazione di questo libro. Queste parole hanno preso vita grazie al sostegno, all'ispirazione e all'affetto di individui straordinari, e voglio ringraziarvi con tutto il cuore.

Prima di tutto voglio ringraziare me stessa per aver trovato il coraggio di riconnettermi con la mia essenza e la mia autenticità, avviando così l'incredibile avventura di scrittura che ha visto nascere questo libro nel giorno del solstizio d'estate. Questo processo non è stato solo un'opportunità di condividere le mie idee, ma anche di scoprire e abbracciare lati di me stessa che avrebbero potuto rimanere nascosti. Mi ringrazio anche per non aver mollato e aver continuato a scrivere anche quando, per un blocco improvviso del computer, ho perso il lavoro di decine e decine di pagine.

Ringrazio di cuore la mia famiglia che con incondizionato sostegno ha da sempre rappresentato il vento sotto le mie ali. La vostra presenza costante e il vostro amore mi hanno dato (e continuano a darmi) la forza di affrontare le sfide e di andare avanti con fiducia in tutti i miei progetti.

Al mio compagno, voglio esprimere una gratitudine sincera. Ogni giorno ha dimostrato il suo sostegno, credendo in questo libro ancora prima di me. Anche se talvolta la sua domanda "Allora, l'hai finito?" mi ha fatto sorridere o addirittura infastidito, ha agito come un costante stimolo e mi ha spinta a superare ogni ostacolo.

Un ringraziamento speciale va a chi ha lasciato la propria testimonianza e mi ha concesso il privilegio di raccontare la sua storia in queste pagine. La vostra fiducia e apertura hanno dato profondità e autenticità a questo libro, arricchendolo con esperienze reali e ispiratrici.

Grazie ai miei amici più cari e alle persone meravigliose che ho conosciuto in questi ultimi due anni, coloro che hanno condiviso con me risate, gioie e momenti di riflessione profonda. La vostra presenza nella mia vita è un tesoro inestimabile, e sono grata per ogni momento condiviso insieme.

A tutti i miei maestri, insegnanti, coach e mentori, va il mio sincero riconoscimento.
Avete illuminato il mio cammino con le vostre conoscenze, stimolandomi a esplorare nuovi orizzonti di pensiero e ispirandomi ad andare sempre oltre.

Un ringraziamento speciale va anche alle persone con cui ho avuto l'onore di lavorare in tutti questi anni, i "miei pazienti". Attraverso le sfide e le vittorie che abbiamo condiviso, siamo cresciuti insieme, ed è stato un privilegio accompagnarvi per un tratto di strada.

Grazie anche a coloro che hanno incrociato il mio cammino: anche se fate parte del mio passato, avete comunque contribuito a formare il mio presente e a plasmare il mio futuro, con le sfide e le opportunità che avete portato, sia nel bene che nel male.

Infine, voglio esprimere la mia gratitudine a voi lettori. Siete il cuore e l'anima di questo libro, coloro che danno vita alle parole scritte. Spero che queste pagine abbiano un impatto positivo sulla vostra vita e che possiate trarre ispirazione e riflessione da esse.

Infinitamente grata, Valentina

Informazioni sull'Autrice

Valentina Gaburro si distingue come una guida strategica esperta in psicoterapia breve, problem solving, ipnosi e tecniche di cambiamento rapido.

La sua vasta competenza in queste discipline l'ha resa un riferimento nel campo della crescita personale e del cambiamento rapido.
Uno dei suoi contributi più significativi è l'ideazione di un innovativo protocollo di performance coaching, che guida persone brillanti e ambiziose a scalare il proprio business con divertimento, gioia e soddisfazione, senza rinunciare all'equilibrio tra vita e lavoro.

La sua filosofia si basa sull'idea che l'abilità di influenzare positivamente se stessi e gli altri rappresenti una chiave fondamentale per il successo e la realizzazione personale. Valentina si impegna profondamente nell'agevolare le persone nell'identificazione dei propri obiettivi, nello sviluppo di strategie efficaci e nell'attuazione di azioni concrete per raggiungere il massimo potenziale, con il minimo sforzo possibile.
Il suo approccio è caratterizzato da professionalità e profonda comprensione, adattandosi alle esigenze uniche di ciascun individuo.

Una fede incrollabile anima Valentina: quella che ogni essere umano ha il diritto innato di trasformarsi nella persona che ha sempre desiderato essere e di vivere una vita di successo e realizzazione. Questa dedizione nel guidare le persone verso il loro percorso di crescita personale è evidente nel suo lavoro e nell'impegno a condividere le sue conoscenze con il mondo.

Attraverso anni di studio, pratica ed esperienza, Valentina Gaburro ha guadagnato rispetto e ammirazione da parte di colleghi e di clienti, emergendo come risorsa preziosa per coloro che cercano la trasformazione personale e lo sviluppo del proprio potenziale. La sua biografia è solo un capitolo della storia di una donna che continua a ispirare e guidare coloro che cercano l'eccellenza.

Appunti

Printed in Great Britain
by Amazon

32833587R00076